Brandl – Grill – Setzwein
Zu Fuß auf der Goldenen Straße

Friedrich Brandl – Harald Grill – Bernhard Setzwein

Zu Fuß
auf der Goldenen Straße

Eine literarische Wanderung von Pilsen nach Amberg

Verlag Sankt Michaelsbund

Der Verlag Sankt Michaelsbund im Internet:
www.st-michaelsbund.de

ISBN 978-3-939905-18-9
Erste Auflage 2009
© 2009 by Verlag Sankt Michaelsbund, München
Printed in Slovenia. Alle Rechte vorbehalten
Umschlaggestaltung: Monika Rohloff, München
Layout und Satz: Rudolf Kiendl, München
Herstellung: GorenjskiTisk, Kranj (Slowenien)

Nach der Öffnung des Eisernen Vorhangs wurde die Grenzregion auf der bayerischen wie böhmischen Seite zur Transitgegend, die viele Tschechen und Deutsche
nur schnell durcheilen wollen, um von Prag nach Nürnberg zu gelangen oder umgekehrt.

Die allenthalben geförderten und in den Vordergrund geschobenen Wirtschafts-
verbindungen zwischen den beiden Staaten haben die kulturellen Bindungen
längst in den Schatten gestellt. Orte an dieser Strecke wurden nicht nur übersehen,
sondern so ganz nebenbei auch noch mit Lärm und Staub eingedeckt.

Die Schriftsteller Friedrich Brandl (Amberg), Harald Grill (Wald) und Bernhard
Setzwein (Waldmünchen) machten sich
im Sommer 2006 auf, diesen grenzüber-
schreitenden Weg neu zu entdecken, ihn
nachzugehen – und zwar zu Fuß. Schritt
für Schritt! Sie folgten damit einem alten, traditionsreichen Verbindungsweg,
der historischen „Goldenen Straße".

Ihre Route führte sie durch eine ehemals vielfältige Kulturlandschaft, die teilweise
nur mehr mit Ruinen und anderen stummen Zeugen auf ihre reiche Vergangenheit
verweist. Dennoch fanden sie auch Anzeichen, dass die Region langsam wieder
aufzublühen beginnt.

Die drei Autoren erzählen von Begegnungen und Entdeckungen, die sich längs des
Wegs ergaben.

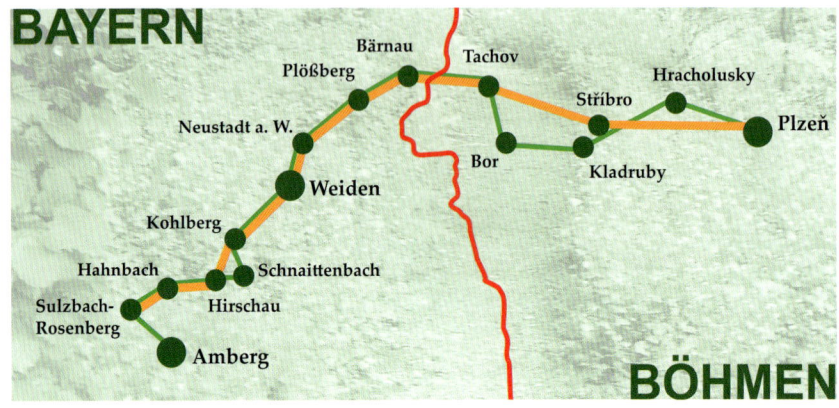

BAYERN

Bärnau
Plößberg
Tachov
Hracholusky
Neustadt a. W.
Stříbro
Plzeň
Bor
Weiden
Kladruby
Kohlberg
Hahnbach Schnaittenbach
Sulzbach-
Rosenberg Hirschau
Amberg
BÖHMEN

31. Juli

Von Amberg / Wald / Waldmünchen
nach Pilsen Hauptbahnhof

1. August

Von Pilsen zum Hracholusky Stausee

2. August

Vom Hracholusky Stausee nach Kladruby

3. August

Von Kladruby nach Skviřín

4. August

Von Skviřín nach Tachov

5. August

Von Tachov nach Bärnau

6. August

Von Bärnau nach Plößberg

7. August

Von Plößberg nach Neustadt an der Waldnaab

8. August

Von Neustadt an der Waldnaab nach Weiden

9. August

Von Weiden nach Kohlberg

31. Juli

Von Amberg / Wald / Waldmünchen
nach Pilsen Hauptbahnhof
(mit dem Zug)

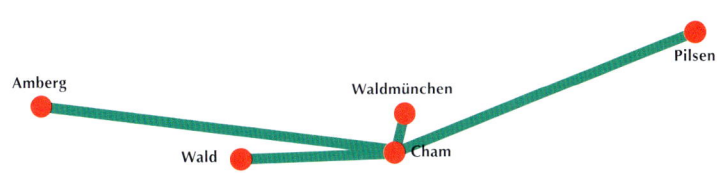

Hier in Pilsen, *im Dezember 2005, fiel aus einer Bierlaune heraus unser Ent-schluss, zu dritt die Goldene Straße, jenen alten Handels- und Kulturweg aus den Zeiten Kaiser Karls IV., zu Fuß nachzugehen. Neben den Endpunkten Nürnberg und Prag ist Pilsen die dritte größere Stadt, die an der Goldenen Straße liegt. Sie ist das Zentrum Westböhmens. Jeder assoziiert mit ihr das berühmte Pilsener Bier; das Schwerindustrie-Unternehmen Škoda hat hier seinen Hauptsitz. Vier Flüsse fließen durch Pilsen, die Radbuza, die Úhlava, die Úslava und die Mže. Letztere wird in den kommenden fünf Tage unsere Begleiterin sein, denn ihre Quelle liegt auf bayerischem Boden in der Nähe Bärnaus. Genau dort quert die Goldene Stra-ße die bayerisch-böhmische Grenze, eine Trennlinie, die nach 1945 jahrzehntelang als nur schwer überwindbarer Eiserner Vorhang die beiden Nachbarregionen von-einander trennte. Bis heute sieht man das dem Grenzgebiet an. Es ist eine versehrte Landschaft, die gerade in den letzten Jahren dazu verdammt scheint, nur mehr als unwirtliche Gegend wahrgenommen zu werden, durch die jeder möglichst schnell hindurch will. Metropolen wie Prag respektive Nürnberg, aber auch Pilsen, schei-nen da viel attraktiver und anziehender. Unsere Absicht ist es, in den folgenden zwei Wochen im langsamen Tempo des Fußgängers gerade die Grenzregion ken-nenzulernen und zu erleben.*

Am Vortag der Wanderung

Friedrich Brandl

Die Nacht schlecht geschlafen.
Unruhe. Sorge. Angst.
Angst vor dem Fortgehen, vor dem Ungewissen, das mich erwartet?
Zerrissenheit in mir.
Auf was habe ich mich da eingelassen?
Natürlich ist mir bewusst, dass das kein Abenteuer ist.
Dazu ist diese Wanderung zu gut vorbereitet.
Die Tagesetappen sind mit Bedacht ausgewählt.
Die Quartiere in den einzelnen Orten sind längst reserviert.
Was soll dann diese Angst?

Mit meinem großen Rucksack und meinen Gedanken
sitze ich im Zug von Amberg über Schwandorf, Cham, Furth im Wald
nach Pilsen.
In Cham werden meine zwei Mitwanderer Harald und Bernhard zusteigen.
Die beiden sind mir vertraut.
Wir kennen uns etwa 20 Jahre oder mehr.
Aber was heißt kennen?
Ich weiß von ihnen einiges.
Ich kenne ihr Haus, ihre Familie.
Ich weiß, was sie schreiben.
Ich kenne ein wenig ihre Ansichten.
Manche Lesung, manche Veranstaltung in den vergangenen Jahren
haben wir zusammen bestritten.
Doch ist das Kennen?
Wird das ausreichen, wenn wir drei jetzt zwei Wochen zu Fuß unterwegs sein
werden?
Drei Individualisten?

Drei Eigenbrötler?

Vielleicht wäre es einfacher, allein unterwegs zu sein.

Der Harald hat da ja Erfahrungen durch seine große Wanderung durch Europa.

Da trifft man Entscheidungen für sich.

Entweder wohl überlegt oder aus dem Bauch heraus.

Aber man trifft sie.

Man muss sie treffen.

Auch wir werden in den nächsten zwei Wochen immer wieder entscheiden müssen.

Werden wir uns streiten?

Werden wir uns auf die Nerven gehen?

Werden wir einen gemeinsamen Rhythmus finden?

Andrerseits möchte ich diese zwei Wochen nicht allein unterwegs sein,
in diesem fremden Land und der Sprache nicht mächtig.

Was wird alles auf uns zukommen in den nächsten Tagen?

Werden wir Mitwanderer haben und wenn ja,
welche Typen werden das sein?

Endlich erreicht der Zug Cham und Bernhard und Harald steigen zu.

Wir begrüßen uns.

Wir lachen.

Die Zeit im Zug vergeht schnell.

Amberg – Pilsen gerade mal 2 Stunden 35 Minuten.

Am Bahnhof in Pilsen erwartet uns Josef Hrubý.

Gemeinsam sitzen wir dann im Hotel Slovan bei Kaffee und Bier
und plaudern.

Plötzlich sind meine Sorgen wie weggeblasen.

über unseren köpfen

gewitterwolken
drohende fäuste

erhoben gegen uns
und gott und die welt

dazwischen ein weißes kreuz
die wege zweier verkehrsflugzeuge

gradlinig wie die karrieren der reisenden
und genauso kurzlebig

Harald Grill

Wo bleibt das Spalier fähnchenschwingender Schulkinder?

Bernhard Setzwein

Bevor wir gar nicht anfangen, fangen wir halt irgendwo mittendrin an. Also: Wir sind in Pilsen, es ist der 31. Juli 2006 und soeben ist ein Wolkenbruch niedergegangen. Ich hab's genau gesehen: Er hat uns hinterlistig abgepasst, wie sie's halt so machen, die Wolkenbrüche. Jeder Wolkenbruch ist ein Falott, das muss ich angesichts dieser k.u.k. Architektur am Kopeckého Sady sagen dürfen. Er hat also gewartet, der Falott, bis wir aus dem Hauptbahnhof herauskommen, und dann, auf den lächerlichen 500 Metern bis zum Hotel Slovan, hat er uns ordentlich einen Duscherer verabreicht. Dieser Duscherer läutet, was wir erst später begreifen werden, das Ende einer wochenlangen Hitzeperiode ohne ein einziges Tröpferl Regen ein. So gesehen: der Himmel ist uns hold. Wir müssen die nächsten zwei Wochen nicht bei 34 oder 36 Grad im Schatten wandern.

Aber vorerst stehen wir erst einmal wie getaufte Mäus' an der Rezeption im Hotel Slovan.

„Wos bittäscheen die Herren winschen?" fragt das Frolein.

„A besseres Wetter, bittäscheen", rutscht mir heraus. Das Frolein lächelt gequält.

„Sehen wir's positiv", sagt Harald, unverwüstlicher der. „Der Himmel hat uns getauft. Neu getauft. Ab jetzt heißen wir die Drei Musketiere. So nämlich wollen wir es machen in Zukunft: Wie die Drei Musketiere werden wir auf ein geheimes verabredetes Losungswort hin alles stehen und fallen lassen, von unserer alltäglichen Arbeit zum ebenfalls geheimen verabredeten Treffpunkt eilen, statt mit einem Degen gürten wir uns mit einem Rucksack, statt Wams und Federbuschenhut werfen wir uns in unsere Multifunktionswandererkleidung, und dann aber ziehen wir los und erleben Abenteuer."

„Wohin?" frag ich etwas dumm. „Wohin ziehen wir los?"

„Natürlich in die Welt!" sagt Harald, der erfahrene.

„Ah ja. Und wo fängt die an, die Welt?"

„Na, irgendwo … mittendrin halt!"

Gut. Habe verstanden. Bevor wir gar nicht anfangen, fangen wir irgendwo mittendrin an. Welt lässt sich sowieso überall finden. Und immer beginnt jede Wanderung, mag sie selbst 1000 Meilen weit führen, direkt unter deinem Fuß. Alte, altchinesische Weisheit von – na, wem wohl? – Lao-Tze. Gilt sogar in Böhmen. Und so schauen wir auf unsere Füße und machen den ersten Schritt. Also: Wir gehen von Pilsen aus die Goldene Straße entlang bis Amberg. Damit einmal etwas gemacht ist, gemeinsam, denn davon reden wir schon lange, dass wir einmal miteinander etwas machen müssten. Etwas anderes als immer nur reden, weil im Reden sind wir großartig, wir Schriftsteller, geradezu unschlagbar, Kongresse, Tagungen, Seminare, Hauptsache ein Wirtshaus ist in der Nähe, und dann aber reden, reden, reden, von in der Nacht bis zum Morgengrauen, zwanzig Jahre kennen wir uns jetzt schon, und immer nur geredet, geredet, geredet, jetzt aber ist Schluss, jetzt gehen wir mal.

Gesagt getan, ein ganz neues Lebensgefühl, das sich für uns Schriftsteller auf einmal einstellt. Man sagt was und dann tut man's. Natürlich nicht überstürzt. So etwas will vorbereitet sein. Besprochen. Ausführlich besprochen. Wir mussten uns im Vorfeld mindestens acht Mal treffen, komischerweise immer mit anschließendem Wirtshausausklang. Was haben wir geredet über die richtige Ausrüstung, welche Tagesetappen wir wählen, wer welches Kartenmaterial mitnimmt, ob die Hanwag-Schuhe besser sind oder die Meindl. Wahrscheinlich würden wir heute noch reden, wenn wir nicht so unvorsichtig gewesen wären, unser Vorhaben lauthals über die Presse anzukündigen, und zwar dummerweise mit unumstößlichen Terminen. „Irgendwie müssen wir dann auch da sein … also anwesend … wenn's los geht", sagt Friedrich. Alles andere würd' blöd ausschauen. Wo er recht hat, hat er recht.

Und so sind wir jetzt heute da. Und fangen an. Mittendrin. In Pilsen. Zwar fehlt dann etwas, vorne und hinten, denn eigentlich reicht die Goldene Straße von Prag bis Nürnberg, aber egal. Es geht ja um das Mittendrinsein. Um das Erleben des Von-hier-bis-da. Und das am besten in einem Tempo, bei dem man auch mitkommt. 15 bis 20 Kilometer. Am Tag! Das reicht doch. Zum Mitschreiben und Mitleben ist das fast schon zu rasant. Das unwirsche Durchrasen lästiger Transitgegenden, die sich frech zwischen Abfahrts- und Ankunftsort schieben, überlassen wir gerne denjenigen, die ihr Leben an Tempomat und Navigationssystem abgegeben haben. Die nie irgendwo da sind, sondern immer nur irgendwo durch müssen. Und das möglichst schnell.

Wir dagegen machen langsam. Bis zur Lesung am Abend in der Stadtgalerie sind es noch drei Stunden. Wir setzen uns mit unserem Pilsner Freund Josef Hrubý, der uns am Hauptbahnhof in Empfang genommen hat, in das Restaurant des Hotels Slovan. Trinken Bier, das Verlangsamungswässerchen aller Wanderer. Josef erzählt uns – wie eigentlich immer, wenn wir ihn treffen – in völlig unaufgeregter Weise so leichthin nebenher Episoden aus seinem reichen abenteuerlichen Leben, das als Sohn eines Zirkusmusikers und Geigenbauers in Südböhmen begann. Er, der von sich behauptet, in seinem Leben nur Gedichte geschrieben zu haben, ist ein wunderbarer Erzähler. Zum Beispiel, wenn er seine Reise nach Kolumbien schildert, zum Festival der Poesie. Wie er da in einem Fußballstadion seine Gedichte vorlas in einer Veranstaltung, die mehrere Stunden dauerte, und wie Trauben von Menschen an den Flutlichtmasten hingen, um jedem einzelnen dieser Gedichte in jeweils einer anderen Sprache gebannt zu lauschen. Wir hängen Josef an den Lippen, und jeder von uns dreien hofft im Geheimen für sich, das möge uns auch passieren, einmal nur in den nächsten zwei Wochen auf unserer Wanderung, dass wir irgendwo in ein böhmisches Dorf kommen und am Ortseingang wartet schon die Blaskapelle auf uns, und die geleitet uns dann zum Dorfbolzplatz, durch ein Spalier fähnchenschwingender Schulkinder hindurch bläst sie uns den Marsch, wir schreiten wie Generäle an einer Ehrenformation entlang, und auf dem Dorfbolzplatz empfängt uns der Bürgermeister mit unverständlich scheppernden Worten aus einer übersteuerten Lautsprecheranlage, und dann müssen wir jeder ein Gedicht aufsagen, nicht lesen, aufsagen!, und nach jeder Verszeile brandet ein gigantischer Beifall auf, der kommt von den Trauben von Menschen, die rings um den Dorfbolzplatz wie Vögel in den Baumwipfeln hocken, denn das Spielfeld selber ist natürlich restlos überfüllt mit Menschen, nichts als Menschen. Ach, wär das schön!

„Sollen wir uns noch die Alte Synagoge anschauen?"

Josef Hrubý reißt uns aus unseren Tagträumen. Wir hätten noch etwas Zeit bis zur Lesung, meint er. Und die alte Synagoge sei ja gleich hier, zwei, drei Häuser neben dem Hotel, in einem Hinterhof.

Josef führt uns hin.

Seit ein paar Jahren ist das kleine Gotteshaus neu renoviert. Es dient jetzt unter anderem für Fotoausstellungen. Von der umlaufenden Holzgalerie im ersten Stock sind Schnüre durch den Raum gespannt, an denen größere Fotoabzüge hängen, wie Wäschestücke. Josef macht uns den Fremdenführer. Erzählt etwas über den neoromanischen Bau aus der Mitte des 19. Jahrhunderts, nimmt wohl noch einmal das Wort „Alte Synagoge" in den Mund, denn höre ich da nicht hinter mir eine Stimme ziemlich ungnädig raunzen, „alt, was heißt denn hier alt". Ich drehe mich um. Sitzt da nicht ein Mann in einer der Holzbankreihen. Etwas seltsam gewandet, der Herr. Goldumborteter Schlapphut mit weißem Federflaum, ein schwarzsamtener Wams, und, soviel ich sehen kann, an den Beinen eine eng ansitzende Strumpfhose. In der Hand hält er eine Supermarkt-Plastiktüte.

„*Wir* haben eine alte Synagoge … in Prag … achthundert Jahre … das wenn ich meinem Freund, Rabbi Löw, erzähle, dass die das hier", er macht eine abfällige Handbewegung durch den ganzen Raum, „eine *alte* Synagoge nennen … der lacht sich einen Ast."

Erst jetzt fällt mir auf: Der Mensch hat einen wirklich auffälligen Unterbiss. Fast noch schlimmer wie Alfred Biolek. Ich frag' ihn: „Sie sind nicht von hier?"

„Nein! Nur umständehalber … gezwungenermaßen … in Prag herrscht die Pest."

Ach was! Davon hab' ich ja gar nichts mitbekommen. In der Zeitung stand jedenfalls nichts.

„Ich warte hier in Pilsen ab, bis alles vorbei ist. Dann ziehe ich wieder nach Prag. Mit meinem ganzen Hofstaat. Über Rokycany, Žebrák, Králův Dvůr und Rudna."

„Ach, dann sind Sie ja auch auf der Goldenen Straße unterwegs. Nur in die andere Richtung. Und wieso Hofstaat?"

„Hören Sie, Sie Zwutschgerl, Sie wissen wohl nicht, mit wem Sie reden?"

„Leider … nein."

„Mit Kaiser Rudolf II."

Jetzt würde ich eigentlich gerne „nicht wirklich" sagen. Aber weil mich mal ein guter Freund tadelnd darauf aufmerksam gemacht hat, dass dieses Neusprech kein schönes Deutsch sei und eigentlich einem Mann des Wortes, der ich doch unzweifelhaft zu sein vorgebe, nicht gut anstünde, lasse ich es bleiben. Auch bin ich jetzt etwas eingeschüchtert. Wenn das stimmt … Kaiser Rudolf II. Das wäre ja dann der mit dem besonderen Faible für alle Alchemisten und Astrologen, Geisterbeschörer und Zauberer. Seinetwegen heißt die schmale Gasse im Schatten des Veitsdom oben auf dem Prager Hradschin Goldmachergässchen. Es lässt sich leicht erraten, was all die Quacksalber dort mit ihren Dreifüßen und ihren Destillierkolben zu finden versuchten. Wenn es einem dieser Großmeister der Alchemie übrigens doch nicht gelang oder wenn dem Kaiser, jähzorniger Mensch, der er war, schlicht der Geduldsfaden riss, dann ließ er die armen Tröpfe in einen Gitterkäfig sperren, im Burggraben in einen Baum hängen und von den Aasvögeln zsammfressen.

Ja, zugegeben, ich hab mich mal etwas näher beschäftigt, mit diesem Geisterseher auf dem Kaiserthron. Faszinierende und schillernde Figur. Wie gemacht, um in einem Roman vorzukommen. Und jetzt soll er tatsächlich da vor mir stehen? Hat sich nämlich aufgerichtet in seiner Bank. Raunzt mich an: „Und Sie? Was machen Sie überhaupt hier in meinem Reich?"

Soll ich sagen, dass wir ab morgen auf seiner Goldenen Straße unterwegs sein werden? Weil die gehört doch dann bestimmt auch ihm, die Goldene Straße. Hernach verlangt er noch Pflastergeld.

„Wir haben jetzt dann eine Lesung", sage ich.

„Wo?"

„In der Stadtgalerie … neben dem Rathaus."

„Aber das ist ja da, wo ich logiere. Warten Sie, ich komme mit."

Tja, was soll ich sagen: Und so geschah es, dass uns Kaiser Rudolf II. begleitete. Und zwar nicht nur zur Altstadtgalerie, sondern überhaupt, die nächsten zwei Wochen. Immer wieder mal tauchte er auf, mittendrin. Vielleicht dass ich einen Fehler gemacht habe. Ich hab ihm halt dann doch von unserem Unternehmen erzählt. Und ihm alles erklärt. Wozu wir diese Apparaturen dabei hätten: Minidiscplayer, Digitalkamera etc. Natürlich wusste er nicht, was eine Digitalkamera ist. (Der Mann war immerhin 400 Jahre unterwegs, bis er hier bei uns eingetroffen ist.) Um es ihm zu demonstrieren, machte ich ein Foto von ihm und zeigte es sogleich auf dem Display der Kamera. Schlagartig veränderte sich sein Gesichtsausdruck. Seine Augen glänzten. „Auf der Goldene Straße also gehen Sie", murmelte er, und es klang, als sei er high. Mit den Fingern tastete er das Display ab. „Das bin ja ich …" Ich glaub, von dem Moment an hielt er mich für einen Alchemisten. Und denen geht er ja nicht von der Seite, wie gesagt. Könnte ja mal was abfallen, was Goldenes.

Ja, die Lesung selber dann war … naja, wie Lesungen halt so sind. Von direkten Menschentrauben auf irgendwelchen Flutlichtmasten oder Baumwipfeln kann jetzt nicht unbedingt die Rede sein. Wir gingen dann noch in ein amerikanisches Lokal zum Abendessen. Rudolf hat die ganze Zeit auf mich eingequatscht. Was ich zum Beispiel von seinem Hofmaler, diesem Arcimboldo, halte. Und was ich meine, was er machen solle, mit den Türken vor Mezökeresztes. Ja mei, was soll ich jetzt da sagen? Noch dazu, wo die ganze Sache doch – wie sagt der Bayer? – scho umme is ums Eck. Zeitlich betrachtet, chronologisch. Ich achte ja auf strenge Chronologie, falls es jemand bemerken sollte. Jedenfalls: Den ganzen Abend hat mich der vollgetextet. Leut' gibt's! Aber der Abend war sowieso schon versaut. In Pilsen in ein amerikanisches Lokal gehen! Ja, es ist wahr, aber ungeheuerlich!

Wir sind zum Empfang beim „Primator", bei Oberbürgermeister Miroslav Kalous, geladen. Wir erzählen von unserem Vorhaben, zu Fuß nach Amberg zu gehen, was den jung-dynamischen Bürgermeister etwas zum Schmunzeln bringt. Er ist gerade dabei, seine Stadt auf andere Geschwindigkeiten zu trimmen. Moderne „Goldene Straßen" sind für ihn Autobahntrassen und vor allem: die gerade in Bau befindliche neue Bahnstrecke, die das Leben in Pilsen ungeheuer beschleunigen wird.

Miroslav Kalous: *Das ist für Pilsen und die ganze Pilsner Region ein sehr wichtiger Bau. Dieser Eisenbahn-Korridor wird ungefähr 60 Milliarden Kronen kosten. Aber natürlich ist das sehr wichtig, weil damit eine Verbindung auf dem modernsten Stand geschaffen wird von Prag über Pilsen bis Nürnberg, und von Nürnberg aus dann natürlich in das übrige Europa. In dem Moment, wo diese Eisenbahnstrecke fertig werden wird, wird die Entfernung vom Hauptbahnhof Pilsen zum Hauptbahnhof Prag – und der Hauptbahnhof in Prag liegt am Wenzelsplatz – nur noch 50 Minuten betragen. Das wird eine große Konkurrenz zur Autobahn sein und wahrscheinlich den Verkehr auf den Schnellstraßen reduzieren.*

1. August

Von Pilsen zum Hracholusky Stausee

im Tal der Mže entlang, über Malesice, Město Touškov, Bdeněves
bis zum Campingplatz „Transkemp" bei der Staumauer des Sees: ca. 22 km

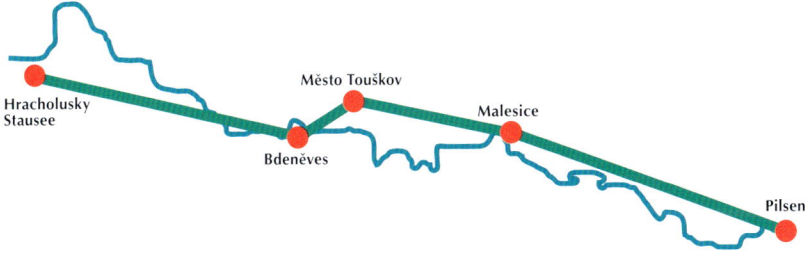

Nach einer Nacht im Hotel Slovan *brechen wir vom Pilsener Hauptplatz aus auf. Im Gewirr der breiten Magistralen haben wir etwas Mühe, aus der Stadt herauszufinden. Eine Pilsnerin, die wir nach dem Weg zum Hracholusky Stausee fragen und dabei auf unsere Beine zeigen, schüttelt ungläubig den Kopf: ihrer Meinung nach kommt man wohl zu Fuß dort nie hin. Doch vorbei am Pilsener Zoo finden wir uns bald in der herrlichsten Landschaft wieder. Immer geht es entlang dem Flusslauf der Mies (Mže), zunächst vorbei an dem geologisch interessanten Gesteinsriff der „Teufelskanzel" (Čertova kazatelna). Später tauchen entlang der Flussufer die typischen böhmischen Sommer-Hütten (Chaty) auf und Indianer-Zeltlager für Jugendliche. Zum Schluss, bei der Stelle „Zur alten Mühle", wird das Tal so eng, dass wir beinahe klettern müssen. Dann taucht die gewaltige Staumauer des Hracholusky Sees auf, gleich daneben das Ferien- und Freizeitareal „Transkemp". Dort haben wir uns in den fest gezimmerten Holzunterkünften einquartiert, jeder bekommt ein Mehrbettzimmer für sich alleine.*

Lern Tschechisch beim Wandern

Erste Lektion

Harald Grill

Die Tschechen werden denken, ich hätte einen Vogel.
Aber mich interessiert doch nur, warum sie ein Kamel haben.
Auf dem Weg zur Lesung, die wir zusammen mit dem Dichter Josef Hrubý und dem Sänger und Gitarristen Jiří Hlobil in der Pilsener Rathausgalerie veranstalten, fällt mir immer wieder die Abbildung von Kamelen ins Auge: auf dem Türknauf einer Bank, im Schaufenster einer Apotheke, auf dem Wappenschild der Rathausfassade. Manchmal tarnen sich die Kamele als Dromedare – aber ein Dromedar ist schließlich auch ein Kamel, ein einhöckriges halt.

Also wie heißt dann Kamel auf Tschechisch?
Oh, im Tschechischen klingt es ein bisschen holländisch, aber mehr noch oberpfälzisch: *Velbloud*.
Velbloud – mein erstes tschechisches Wort auf dieser Wanderung.

Ein zweites bringt sich dann beim gemütlichen Zusammensitzen in Erinnerung: *Pivo* – eins, zwei, drei oder vier – naja, die Zahlen und die Grundrechnungsarten kommen später dazu. Schließlich haben wir an jeder Hand fünf Finger.

Am nächsten Morgen beim Aufbruch erzählt der Bürgermeister Kalous, der Sage nach habe ein Heer der Hussiten die Stadt Pilsen belagert. Die Bürger aber wehrten sich seinerzeit erfolgreich. Die Belagerer flohen und ließen ihr *Velbloud* zurück – weiß der Teufel, wo sie das her hatten.

Aber ein Hund ist auch noch im Wappen!

Moment …

Auf den kommen wir in einer späteren Lektion zu sprechen.

Farben

Ein graues Gedicht kann man nicht schreiben
Das grüne schreibe dir ab
Ein schwarzes Gedicht: lieber nicht denken
Lila Gedicht: liebe mich bis übers Grab
Ein weißes Gedicht: Salz auf dem Tisch
oder Kapitän Scott auf dem Südpol
Ein rosa Gedicht: der Narr kann lachen
von links nach rechts und umgekehrt
Ein goldenes Gedicht: Stradivari
begossen mit grusinischem Cognac
Ein gelbes Gedicht: wo habe ich
meine Tabatiere verloren
Ein blaues Gedicht: von Ich liebe zu Ich liebe nicht
sind es nur zwei Sekunden
Purpurrotes Gedicht: die Lampe leuchtet und du schläfst
mit offenem Buch
Ein braunes Gedicht: spärlich besuchte Landschaft
Ein graues Gedicht kann man nicht schreiben

Josef Hrubý

na shledanou
auf wiedersehen, plzeň

für josef hrubý

bis zum rathaus und zur galerie
reicht der schatten
der bartholomäus-kathedrale

die große synagoge weist uns
den weg aus der stadt
zur flussaue der mies

sie hat ihren platz behauptet
zwischen den industrieanlagen
und den plattenbauten

wir brechen auf
und wandern allein
flussaufwärts

die ungewissheit im gepäck
und noch gut in erinnerung
den gestrigen abend

mit seinen liedern
und deinem gedicht
von den farben

Friedrich Brandl

himmel so blau

an sonnigen tagen
werden die kondensstreifen der flugzeuge wäscheleinen
und wenn die hausengel da droben
die schmutzige wäsche gewaschen haben
flattern in luftiger höhe
die nachthemden und unterhosen
der heiligen
himmlische flaggen
hoch über unserer erde

Harald Grill

2. August

Vom Hracholusky Stausee nach Kladruby

über Jezná, Pňovany, Vranov und Stříbro: ca. 27 km

Vom „Transkemp" aus *geht es erst einmal weg vom Stausee die Straße hinauf nach Jezná. Wir unterqueren dabei die Bahnlinie Pilsen–Eger, an der sich gerade riesige Baumaschinen zu schaffen machen. Die Strecke wird modernisiert und ausgebaut, wovon uns schon tags zuvor Primator Kalous voller Stolz erzählt hatte. Durch Jezná und Pňovany hindurch kommen wir kurz vor Vranov wieder an das Ufer der Mže, die hier noch normale Flussbreite hat, aufgestaut wird sie weiter unten. Unser Weg ist momentan identisch mit einem Teilabschnitt des „Svatojakubská cesta", wie wir auf unserer Karte sehen, also mit dem Jakobsweg. Wir sind ja auch unterwegs in Richtung des bedeutenden Klosters Kladruby. Zuvor aber kommen wir noch durch die alte, ehrwürdige Silberbergbaustadt Stříbro. Noch unten am Ufer der Mže, ehe es steil zum Marktplatz hinaufgeht, empfängt uns ein Besucherbergwerk. In Stříbro mündet die Úlavka in die Mže. Wir folgen dem kleinen Flüsschen, denn es bringt uns direkt nach Kladruby.*

Der Tscheche spart, wo er kann

Bernhard Setzwein

Gestern Abend trafen wir dann noch Jan Hus. Am Hracholusky Stausee. Im Campinglager „Transkemp". Nach elf Stunden Unterwegsseins. Also schon ziemlich ausgedursteten Sinnes. Ich denk mir noch: Mensch, da steht doch der Jan Hus, wartet der etwa auf uns? Nachdem ich mir die Augen gerieben hatte, wurde ich unsicher: Ist es nicht doch vielleicht der Václav Maidl? Jetzt winkt er sogar. Würde Jan Hus uns winken? Man muss sagen: Aussehenstechnisch geht er fast durch als Hus, unser bärtiger Vaschek. Und auch sonst: durchaus was Huseskes an sich, der Doktor Maidl aus Prag. Zum Beispiel ist er ähnlich vernarrt in alles Sprachliche. Und nimmt's bis aufs Hakerl genau. Die Hakerl im tschechischen Alphabet haben wir übrigens dem Jan Hus zu verdanken, also dem richtigen jetzt, dem historischen. Allein, was besagt das schon: richtig, historisch? Richtig historisch ist mir weniges, mir wird immer alles gleich so gegenwärtig, funkt dazwischen, redet hinein. Warum also nicht auch der Jan Hus? Noch dazu, wo der exakt die gleiche Route geritten ist wie wir. Also wir gehen, er ist geritten. War halt doch ein Magister. Auf seinem guten Pferdchen Grabstyn. Das soll tatsächlich so geheißen haben. Als ob er gewusst hätte, wohin die Reise geht. Richtung Grabstein nämlich. Obwohl: nicht einmal den hat er ja bekommen. Seine Asche hat man in den Rhein verstreut, nachdem man ihn außerhalb der Stadtmauern von Konstanz auf der Richtstätte verbrannt hatte. Alles, was ihm blieb, war seine Gewissheit: Heute bratet Ihr eine Gans, aber morgen wird aus der Asche ein Schwan auferstehen.

„Hab ich recht?" frage ich Václav Maidl.

„Ja. Husa heißt im Tschechischen Gans."

„Also, schreib's auf", sage ich zu Friedrich, „na, in dein Vokabelheft. Wie heißt es auf tschechisch?" wende ich mich an Václav.

„Dnes pečete husu, ale zítra vstane z popela labut'."

„Also bitte, schreib. Erinnerst du dich nicht mehr an unser Gelübde. Vor versammeltem Publikum vorgestern Abend in der Altstadtgalerie von Pilsen haben wir es abgelegt: dass wir jeden Tag einen neuen tschechischen Satz lernen werden. Und jetzt eben Denis pätsch … pätsch …" Václav hilft mit: „Dnes pečete husu, ale zítra vstane z popela labut' ".

Friedrich schreibt. Václav schaut ihm über die Schuler.

„Das c mit Hatschek. Jan Hus war übrigens nicht nur Fuhrmannssohn und Priester, Prediger in der Prager Bethlehemskapelle und Beichtvater der Königin Sophie, sondern eben auch Schriftsteller. Er hat die diakritischen Zeichen in die tschechische Schriftsprache eingeführt."

„Dieses Hakerl- und Stricherlzeugs", falle ich Vaschek ins Wort, und erkläre es Friedrich, „das wie mit Salz- und Pfefferstreuer über die Buchstaben verteilt aussieht, auf dass wir Unkundigen es mit gepfefferten Zeilen zu tun bekommen, die uns die Sprache verschlagen und uns erst einmal mit der Hand vor dem Mund herumfächeln lassen: Sakradi!, ist das unaussprechlich."

„Der Tscheche ist lediglich ökonomisch", erklärt uns Vaschek. „Er denkt sich: Wozu überflüssige Buchstaben! Wenn's doch auch kürzer geht. Euer Wort Schnitzel, immerhin neun Buchstaben, wird nach unserer Methode geschrieben zu Šnicl, s mit Hatschek, n, i, c (im Tschechischen z gesprochen), l. Man spart sich vier Buchstaben, fast 50 Prozent. Oder Zwetschgendatschi, 17 Buchstaben. Schreibt der Tscheche: Cwečgendači. Und Zwetschgendatschi und Schlagrahm, immerhin 30 Buchstaben, Cwečgendači a Šlagrám, sind nur noch 19. ‚A' heißt bei uns ‚und'. Auch praktisch, aus drei mach einen, Buchstaben nämlich. ‚O' heißt, nebenbei gesagt, ‚an'. Das alttestamentarische von Alpha bis Omega, heißt also bei uns im Tschechischen demnach von ‚und' bis ‚an'."

„Klingt irgendwie aus dem Zusammenhang gerissen", sage ich, „findet Ihr nicht auch? Klingt statt wie ‚Anfang' und ‚Ende' eher wie ‚und, was hast g'sagt? … fang noch einmal an'. Ja, wie so mitten aus dem Kneipengespräch gerissen. Die Tschechen sind ja Weltmeister im Kneipengesprächeführen."

„Alles Klischees", sagt Vaschek.

„Von wegen Weltmeister", springt ihm Friedrich bei. „Und was war vorhin, in Vranov, wie wir da bei sengender Mittagshitze in das Dorfgasthaus eingekehrt sind … na, diese Handvoll schlecht rasierter Männer, der eine beinamputiert, der andere offensichtlich arbeitslos … wie ist denen ihr Gespräch schlagartig verstummt, man hat ja jede einzelne Stubenfliege gehört, wie sie immer wieder hysterisch gegen die Fensterscheibe geflogen ist … und wie haben die uns feindselig angeschaut und kein Wort mehr gesagt… nennst du das Weltmeister im Kneipengesprächeführen?"

„Das war ja nur, weil die wahrscheinlich noch nie einen Deutschen gesehen haben", sage ich.

„Einen wahrscheinlich schon, aber nicht gleich eine ganze Horde", ergänzt Vaschek, „und die noch dazu alle mit Rucksack, keuchend und verschwitzt, wie normal nur Tschechen verschwitzt sind. Ich war immer der Meinung, *wir* sind die Weltmeister im Verschwitztsein. Und jetzt kommt ihr daher!"

Lern Tschechisch beim Wandern

Zweite Lektion

Was für ein Frühstück! Und gleich zwei neue tschechische Wörter: *Párky teplé* – heiße Würstchen.

Das Plakat kündigt drei Würstchen zum Preis von 25 Kronen an – das Bild erzeugt eine Illusion dieser Würsteln mit Senf und Meerrettich. Eine Scheibe Brot liegt dabei und daneben steht eine Halbe Bier.

Statt des Biers nehmen wir in der Früh doch lieber einen Kaffee.

Der Meerrettich vom Plakat fehlt in der Wirklichkeit.

Dafür schmeckt der Senf wirklich nach Senf.

Bei den *párky* tippe ich mehr auf durch den Fleischwolf gedrehte feuchte Pappe, in Wursthaut gepresst und erhitzt …

Vorsichtig nähert sich eine Katze. Sie ahnt wohl, dass ich meine *párky* gern an sie verfüttern würde.

Da schnappt sich der Bernhard die rotbraune Katz, nimmt sie auf den Schoß und füttert sie mit der rotbraunen Wurscht. Wir anderen bleiben auf unserer Wurst sitzen und haben den Verdacht, dass dem Bernhard Katzen viel lieber sind als *Párky teplé*.

Beim Weitergehen wischt sich der Bernhard ein paar Mal verstohlen den Mund. Das irritiert mich so, dass ich mich nicht zu fragen trau, wie Katze auf Tschechisch heißt.

im tal der mže

dort wo sich mže und radbuza
zur berounka vereinigen
nehmen wir abschied von der stadt

weiden und erlen haben hier
einen grünen keil
hineingetrieben

in der auenlandschaft
wandern wir flussaufwärts

das wasser des flusses
bringt grüße aus der oberpfalz

auf dem hügel hinter einem wäldchen
machen wir rast

plötzlich ist plzeň wieder da
so als ob die stadt
uns nicht ziehen lassen wollte

immer wieder zeigt sie sich
doch dann wird das tal
enger und felsiger

statt hochhäuser
chaty am ufer

müde bereits
beine, kopf und schultern

die bierpause in město touškov
bringt die nötige gelassenheit zurück

Friedrich Brandl

Was schreiben die da?

Bernhard Setzwein

Ich sollte vielleicht auch einmal etwas in mein Notizheft schreiben. Da steht noch überhaupt gar nichts drin. Die anderen beiden schreiben ständig. Ich bin neidisch. Was haben die nur dauernd zu schreiben, denke ich mir, wenn sie schon wieder stehenbleiben, um sich sinnend ihre Notizen zu machen. So atemberaubend ist dieser öde Feldweg jetzt auch wieder nicht. Was, verdammt nochmal, gibt es da aufzunotieren? Aber dann, wenn urplötzlich, gewissermaßen auf freiem Feld, das Bild von ausrangierten Eisenbahn-Güterwaggons auftaucht, die auf dem Gelände einer LPG einfach zu Schweineställen umfunktioniert wurden, indem man sie bis zur Einstiegsluke in die Erde eingegraben hat, dann denke ich mir, dieses Bild vom im Schlamm steckengebliebenen Schweinezug, das hättest du jetzt aufschreiben können. Oder morgen, wenn wir durch dieses gottverlassene Dorf kommen werden, dessen Namen ich mir natürlich wieder nicht notiert haben werde, und ich das verwahrloste kleine Häuserl sehen werde mit dem Schild *Místní knihova*, Stadtbücherei, an der Hauswand, der

Putz fliegt schon herunter, dann werde ich mir denken, das musst du jetzt festhalten, dieses Bild von der völlig schief dastehenden und kurz vorm Zusammenbrechen noch einmal innehaltenden Holzbank zusammen mit dem Tisch unter dem Birnbaum und dem Besen, der an der Hauswand lehnt, und den zwei Hunden, die uns verbellen werden, den einzigen Lesern dieser seltsamen, so nur in Böhmen anzutreffenden Stadtbücherei.

von den linden

dreimal schon
pflanzten sie linden
in böhmen

zeichen
für frieden
für freiheit
für gerechtigkeit

zweimal brachte
eisiger winter
das ende des frühlings

Friedrich Brandl

3. August

Von Kladruby nach Skviřín

über Brod u Stříbra: ca. 15 km

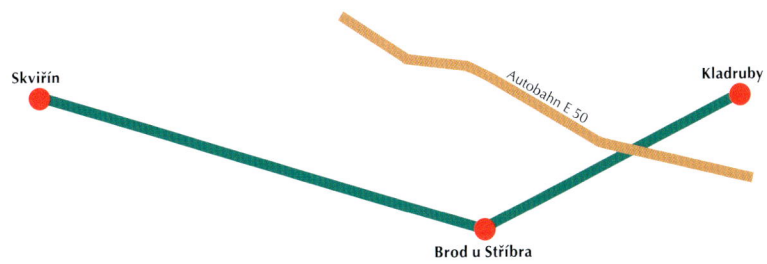

Nach einer Nacht in der Pension „U Koruny" *direkt an der Hauptstraße unweit der Kirche verlassen wir Kladruby in Richtung Benešovice, um nach dem Ortsende links von der Hauptstraße abzuzweigen. Nach wenigen Hundert Metern unterqueren wir die Autobahn E 50 Nürnberg–Prag. Sie ist so etwas wie die Goldene Straße der Neuzeit und folgt auch in ihrem Verlauf weitgehend der historischen. Jedenfalls werden wir sie noch öfter sehen und vor allem hören in den kommenden Tagen. Jetzt aber geht es erst einmal durch stille Waldstücke Richtung Skviřín, das frühere Speierling. Heute ist der Ort ziemlich verwahrlost. Direkt an der Hauptstraße nach Bor, wo es uns nicht gelungen war, ein Quartier vorab zu reservieren, gibt es ein Hotel. Nur hundert Meter davon entfernt ist in ein offenkundig altes Bauernhaus ein Night-Club eingezogen. Das sind die neuen Zeiten. Von den alten kündet die Pfarrkirche mit angrenzendem Friedhof, auf dem wir viele Grabsteine mit deutschen Namen finden.*

Lern Tschechisch beim Wandern

Dritte Lektion

Am dritten Tag folgen hauptsächlich meine „Dobrý-Den-Versuche".
Dobrý den!
Das heißt: „Guten Tag".
Dekuij!
„Danke!"
Danke Václav – nebenbei drei Wörter mitbekommen!
Prosim!
„Bitte!"
Also vier Wörter.
Geschenkt!
Und so viele Hunde bellen uns Wanderern nach, so viel Hundegebell, dass wir die Schilder *„pozor pes!"* – „Vorsicht Hund!" – schnell in den Wortschatz einordnen können.

Wenn ich in der Oberpfalz durch ein Dorf geh, dann schau ich den Leuten, die mir begegnen, ins Gesicht und sage: „Grüß Gott!"
Und sie schauen mich an und grüßen ebenfalls.
Aber es ist nicht einfach, in den böhmischen Dörfern Blickkontakt mit den Menschen zu bekommen. Wie sag ich zu jemandem *dobrý den!*, der mir nicht ins Gesicht schaut?
Ich tu einfach so, als würd er mich anschauen, rufe eine kleine Spur lauter als normal und mit einem freundlich-fröhlichen Unterton *dobrý den!*

Und – oh Wunder! – die derart Gegrüßten schrecken auf und grüßen freundlich zurück. Aber nicht etwa *dobrý den!*, nein, ich lerne nach und nach eine ganze Palette von Möglichkeiten kennen, wie man in Tschechien zurückgrüßen kann:

Dobrý! oder doppelt freundlich: *dobrý, dobrý!* oder verblüffend wie auf hoher See: *Ahoi!*

Und einmal, schon nah der böhmisch-bayerischen Grenze, als wär's eine Pointe: „Grieß Goot!"

spaziergang durch ein dorf

ein dorf in böhmen
barocke kirche mit
mächtiger alter eiche davor
auf dem friedhof
viele deutsche namen
am haus daneben
blättert der putz ab
doch das wort
volksschule
ist noch gut lesbar
im bushäuschen liegen
überreste des letzten jugendtreffs
die schmale landstraße windet sich
an frisch gestrichenen häusern und
an gemüsegärten vorbei
zum ortsausgang hin
von dort ein blick
zur kirche des nachbarorts
und zum pfraumberg
ein dorf irgendwo in böhmen
oder auch in bayern

Friedrich Brandl

Transmutationen

Bernhard Setzwein

Gestern um halb neun Uhr abends trafen wir in Kladruby ein. Wie herrlich barock wurde das Kloster von der untergehenden Sonne angestrahlt. Wir aber mussten zu unserem Nachtlager, in die Gastwirtschaft „U Koruny". Die Wirtsstube voller Bauarbeiter. Schon Anfang Juli, als wir als unsere eigenen Quartiermacher uns selbst vorausgereist waren, per Pkw, um Zimmer zu reservieren, wurde uns gesagt, alles sei ausgebucht, komplett und auf zwei Jahre hinaus, was wir gar nicht glauben konnten. Bis wir dann Aufklärung erhielten: Zur Zeit werde die Bahnstrecke Pilsen–Cheb neu gebaut und deshalb seien entlang der Trasse alle Quartiere an die Arbeiter vergeben. Nur im „U Koruny" gab es noch zwei Doppelzimmer. Nachdem wir geduscht und unsere Leiden (Zeckenstiche und Muskelverhärtungen) behandelt hatten, waren wir hinuntergegangen in die Gaststube. Gleich beim Öffnen der Tür sahen wir, wie hoch es dort herging. Denn wer saß natürlich mitten unter den Bauarbeitern? Jan Hus und Rudi. Vor allem dem Kaiser schien es mächtig zu imponieren, was ihm die Bauarbeiter zu erklären versuchten, nämlich dass, wenn einmal ihr Werk beendet sei, man in weniger als einer halben Stunde von Pilsen nach Cheb fahre … der Kaiser hielt das für Zauberei, aber Zauberei konnte ihn ja bekanntlich nicht weiter schrecken, er sagte nur „interessant, interessant, was Sie da sagen", und um nicht gar so blöd dazustehen, erzählte er, dass John Dee, sein neuester Hightech-Spezialist, in Zusammenarbeit mit seinem Medium Edward Kelley ebenfalls eine Methode ersonnen habe, wie man eine Person von A nach B transmutiere, „mit Zauberspiegeln … in weniger als Null Komma nichts", prahlte der Kaiser, und die Eisenbahn-Bauarbeiter meinten nur, „Magnetschwebebahn … du redest von der Magnetschwebebahn", und um sich keine Blöße zu geben, sagte Rudi, „ja, genau". Und daraufhin bestellte man dann eine neue Runde Fernet Stock.
Wir gingen dann ins Bett, weil ja zu sehen war, wie sich die Herrschaften bestens alleine unterhielten.

Ja, und heute morgen also dann war wieder kein Kaiser mehr da und auch Jan Hus hatte sich über Nacht in Vaschek Maidl zurücktransmutiert. In Null Komma nichts. Die Bauarbeiter waren längst alle weg. Sogar der Wirt war weg. Hatte in seinem anderen Hotel in Tachov zu tun. Wir waren mutterseelenalleine. Das Frühstück stand bereits fertig auf dem Tisch. Es hätte so ein herrlicher Tagesanfang werden können. Wenn da nicht plötzlich das Fernsehteam von OTV dahergerumpelt gekommen wäre. Sie drohten uns an, sie würden uns jetzt einen halben Tag lang begleiten. Was das bedeutete, war schnell klar. Noch am Frühstückstisch musste Friedrich der Amberger seinen Wanderstiefel schnüren … für die Kamera … noch einmal und noch einmal, immer war es der jungen Redakteurin noch nicht recht, „binden Sie den Schuh doch nicht so künstlich, machen Sie es doch wie immer, ganz natürlich". Freilich!, natürlich, den Schuh natürlich binden, zum fünfundzwangisten Mal, wer würde da nicht natürlich bleiben. Und so ging das weiter. Den ganzen Vormittag lang. Wir liefen die Straße entlang nach Brod u Stříbra, vor uns fuhr das Fernsehteam in seinem Kombi-Wagen, Heckklappe offen, der Mann mit der Kamera im Schneidersitz, „jetzt gehen Sie doch normal, wie immer, ganz natürlich und vor allem: nicht in die Kamera schauen". Natürlich wurde uns das langsam irgendwie zu blöd, Harald setzte seine ganze, europaweit erworbene Erfahrung als Tritschler ein – und die ist groß, meine Herrschaften! Er packte

sämtliche Tricks und Finessen aus, „schau mal, was da am Wegrand blüht, das muss jetzt fotografiert werden", sagte er zu mir, oder „schau mal die Schnecke da", er kramte, möglichst umständlich und zeitschindend, sein Minidiskgerät heraus, „die muss jetzt aufgenommen werden". Aber die Schnecke hatte an diesem Morgen noch keine Lust auf ein Interview. Ihr einziger Kommentar war „no comment!". Es nützte alles nichts, das Fernsehteam ließ sich einfach nicht abschütteln. Notfalls blieben sie mit ihrem Auto einfach am Straßenrand stehen und warteten auf uns Tritschler. In unserer Verzweiflung nahmen wir unsere Fotokameras heraus, hielten sie vors Auge und gingen hinter dem vor uns rollenden Kamerawagen her, sagten, „jetzt filmen Sie doch einmal ganz natürlich, nicht so künstlich, und vor allem: nicht in die Kamera schauen", Klick und Blitzlicht, aber die kapierten einfach nicht, obwohl wir es doch so schön durch die Blume gesagt hatten.

Wir bewegten uns auf die Autobahn zu. Die mussten wir jetzt unterqueren. Das Kamerateam war uns zwei-, dreihundert Meter voraus, so stur und unbeirrt hatten wir wieder getritschelt. Wir philosophierten etwas, unbelauscht von deren Mikrofonen, über diese neue Goldene Straße von Nürnberg nach Prag und wie laut doch deren Verkehr rausche, und kamen dabei immer näher an die Unterführung heran. Als wir dann noch ein paar Schritte weiter gingen und direkt unter der Autobahn waren, blieben wir instinktiv stehen, weil es da auf einmal ganz ruhig war. Unter der Autobahn hört man die Autobahn nicht. Was für ein Wunder. Man hört nur das Rufen der Schwalben. Wir legten den Kopf in den Nacken und sahen: Dort, wo die Fahrbahn auf den Stützpfeilern aufliegt, in diesen rechten Winkel hatten die Schwalben ihre Nester gebaut. Ach, war das schön, dieses plötzliche Bild. Und vor allem: dass es das Fernsehteam nicht hatte einfangen können.

Lern Tschechisch beim Wandern

Vierte Lektion

Eines der wichtigsten, aber zugleich schwierigsten Wörter unterwegs im Böhmischen ist das Wort „Schnitzel" – schwierig, weil es auf Tschechisch so schwer auszusprechen geht.
Da ist vorn dran das R mit dem kleinen ‚v' oben drauf.
Dass dieses ‚v' „Hatschek" heißt, kann man sich leicht merken, wenn man Tag für Tag zu Fuß unterwegs ist, denn was ist ein Wanderer anderes als ein „Hatschek".

Das Problem zeigt sich in seiner vollen Größe, wenn es um die Aussprache dieser Rs mit dem Hatschek geht. Unser tschechischer Begleiter, der Dr. Václav Maidl, gibt sich wirklich alle Mühe. In jeder Wirtschaft üben wir mit der Speisekarte tschechisch zu lesen.
Das R wie in Wu-*rsch*-t.

Tja, Wu-*rsch*-t geht einfach zu sprechen. Doch beim tschechischen Schnitzel ist das Hatschek-„R" ganz vorn dran: *Řísek. Rsch*isek.
*Rsch*isek!
Nach geglückten Bestellung wiederholt der Kellner zur Sicherheit: „Ein Schnitzel, bitte särr, gerne."

4. August

Von Skviřín nach Tachov

über Čečkovice, Staré Sedliště, Maly Rapotin: ca. 20 km

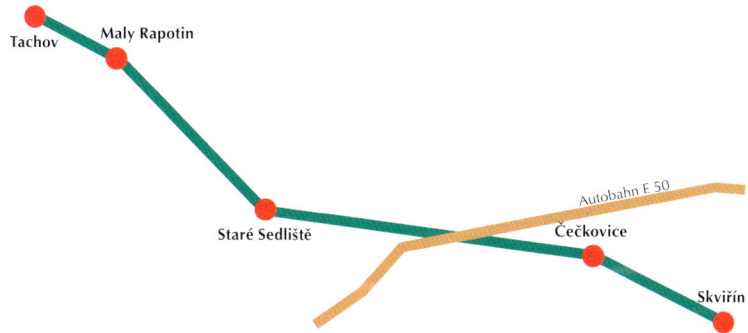

Am Morgen nach dem Aufbruch *folgen wir nicht der Hauptstraße nach Bor, sondern gehen noch einmal an der Kirche von Skviřín vorbei durch den Ort hindurch und den Feldweg hinaus nach Čečkovice. Dann halten wir wieder auf die Autobahn zu, über die müssen wir nämlich irgendwie drüber, was gar nicht so einfach ist. Schließlich finden wir eine Unterführung. Danach erstreckt sich vor uns so etwas wie die Teichpfanne bei Tirschenreuth, jedenfalls mehrere Fischgewässer nebeneinander. Soviel Wasser muss unsere Sinne verwirrt haben. Jedenfalls landen wir plötzlich in Staré Sedliště statt, wie beabsichtigt, in Tisová. Macht auch nichts. Das Verlaufen ist eh das Schönste am Wandern. Wir kehren erst einmal ein und erleben eine denkwürdige Brotzeit. Beschwingt von etlichen Bieren finden wir danach auch viel leichter nach Tachov, wobei wir noch durch Maly Rapotin kommen.*

Von Ferne nach Unzucht aussehend

Bernhard Setzwein

In Skviřín, wo wir unser Lager hatten für die vergangene Nacht, ist dann noch folgendes passiert: Jan Hus hatte sich mit den Huren unterhalten. Ich weiß, das klingt jetzt unglaubwürdig, weil, wie Sie sicher wissen, Jan Hus sich niemals mit Huren unterhalten haben würde. So was von eifernd wie der war bei allem, was nur von Ferne nach Unzucht aussah. Und hier sah es gar nicht mal von Ferne, sondern ganz nah danach aus. Wir hatten in unserer Not, weil in Bor nicht ein einziges Gasthaus oder Hotel zu finden war, Zuflucht in dem kleinen, etwas außerhalb gelegenen Skviřín genommen, in einem Hotel direkt an der Hauptstraße. Und zweihundert Meter von diesem Hotel entfernt war ein Puff, unverkennbar eingezogen in ein ausgedientes Bauernhaus.

Das war natürlich eine Provokation für unseren Jan Hus. Er protestierte, er wolle auf gar keinen Fall an diesem Ort bleiben. Das schaue er sich nicht mit an. Wir schauen ja auch weg, beruhigten wir ihn, aber wo sollen wir denn sonst über Nacht bleiben. Gibt ja nichts anderes weit und breit. Das sei eine Zumutung. Ob uns denn nicht seine Kanzelpredigten aus der Bethlehemskapelle in Prag bekannt seien? Aber natürlich, mein lieber Scholli, die waren jedes Mal ein einziges Donnerwetter gegen Verderbtheit und Unzucht gewesen … ob er es damit jetzt auch bei den Huren von Skviřín versuchte?

Jedenfalls sahen wir, wie er bei ihnen stand. Wir waren gerade dabei, vor dem Abendessen noch einen kleinen Spaziergang zu machen – „Reparaturgehen" nennt Harald das –, auch wollten wir uns den Ort noch etwas näher anschauen. Skviřín, deutsch Speierling, kann immerhin eine urkundliche Ersterwähnung aus dem Jahr 1115 aufweisen, die um 1700 herum barockisierte Pfarrkirche ist romanischen Ursprungs, was man an dem noch erhalten gebliebenen Portal ablesen kann. Wir gehen also unseres rein kulturgeschichtlich interessierten Weges, auf einmal sehen wir Jan Hus dastehen im Gespräch mit zwei jungen Damen. Ich bezeuge: sein Ansinnen war eindeutig. Er versuchte tapfer und standhaft, die jungen Damen zur Umkehr und einem anderen Leben zu überreden. Erst glaubte er ja, Engel vor sich zu haben. Ja, richtige Engel. Weil das eine Mädchen so Dekorationsengelsflügel angepappt hatte. Wahrscheinlich eine Idee ihres Zuhälters, die er für besonders originell hielt. „Verkleid dich doch mal als Engel." Jan Hus fiel glatt drauf rein. Er sagte zu der Dame, sinngemäß, dass er ja sehr erfreut sei, endlich einmal einen richtigen, um nicht zu sagen leibhaftigen Engel vor sich zu haben, und ob sie … er … es … ihm die Frage beantworten könne, wie viele Engel eigentlich auf einer Nadelspitze Platz hätten. „Was is', Alter?" Kann sein, dass die Dame irgendetwas in der Art antwortete. Ja, das seien so die scholastischen Fragen gewesen, die er während seinen Studiums an der Karlsuniversität nächtelang mit seinen Kommilitonen diskutiert habe. Unglaublich spitzfindig, aber gleichzeitig tief theologisch. Zum Beispiel, ob es möglich sei, dass Gott noch mehr Wissen sich aneigne, als er eh schon habe. Oder: Sind Engel nackt oder nicht? (Wie er sehe, sagte Hus, müsse die Antwort lauten: halb-halb.) Oder, ganz diffizile Frage: War Jesus beschnitten, und falls ja, was war mit der Vorhaut, hat die die Himmelfahrt mitgemacht oder nicht? „Kichern Sie nicht, meine Damen", hörte ich Jan Hus streng sagen, „das ist eine Frage, mit der sich allerhöchste theologische Gremien beschäftigt haben", und dann fuhr er in Latein fort, mehrfach fiel das Wort Praeputium, und soweit ich verstanden habe, versuchte er den Damen klarzumachen, dass es unmöglich sei, dass das Praeputium nicht mit himmelgefahren sei, weil das würde ja bedeuten, dass ein Stück von unserem Heiland dort sei (er deutete gen Himmel) und ein Stück hier (er deutete auf die Erde). Geht nicht. Das sagte er wieder tschechisch. Volkstschechisch. Und ebenfalls volkstschechisch antworteten die Huren, sinngemäß, ob er etwa pervers sei, he Alter!

Wir schritten dann ein, gingen dazwischen und zogen Jan Hus von den Huren weg. Er verstand gar nicht, was wir hatten. Bis zum Abendessen im Hotel hatte er sich dann beruhigt und war wieder Vaschek Maidl geworden. Der erzählte uns noch viel über die grenznahen Orte hier, auch Speierling sei sicher einmal überwiegend deutschstämmig besiedelt gewesen. „Erinnert ihr euch … das eine Haus, an dem wir vorbeikamen … die deutsche Aufschrift ‚Volksschule‘ … es steht noch immer da auf der Hauswand, seit 60 Jahren." Ja, richtig, wir erinnerten und wunderten uns, wieso all die Jahre niemand auf die Idee gekommen war, diese letzte Spur des alten Speierlings verschwinden zu lassen.

Dann gingen wir zu Bett und schliefen selig, wie nur Wanderer selig schlafen können. Was das neue Speierling indessen trieb, unzuchtmäßig und überhaupt, davon haben wir durchaus gar nichts mitbekommen.

goldene straße

auf dem weg
von nürnberg nach prag
stehen
kurz hinter dem grenzübergang
am rande der straße
der goldenen
wie sie glauben
fünfzehn- und sechzehnjährige
und warten auf karl
vielleicht den fünften
heute

Friedrich Brandl

Wasserleichen und andere Tote

Bernhard Setzwein

Jetzt stehen wir da. Mit unserem Talent. Die Wanderkarte wird von Hand zu Hand weitergereicht wie eine heiße Kartoffel, sie wird rechts herum gedreht, links herum gedreht, auf den Kopf gestellt. Alles sichere Anzeichen dafür, dass etwas nicht stimmen kann. Entweder mit der Landkarte oder mit dem Weg. Wir wollten nach Tisová, stehen aber jetzt vor dem Ortsschild von Staré Sedliště. Irgendwo zwischen dem Mělky Rybnik, dem Novy Rybnik und dem Modry Rybnik muss es passiert sein, dass sich unmerklich die Ausrichtung unserer Schritte um 90 Grad verdreht hat. „Kennt ihr das herrliche Gedicht von Miroslav Holub", fängt der Vaschek jetzt an, weil ihm das anscheinend alles nur ein Grund zu unerklärlicher Heiterkeit ist, „Stručná úvaha o mapách, Eine kurze Überlegung zu Landkarten: Albert Szent-Györgyi, jenž toho věděl dost o mapách, / podle nichž se ubírá kamsi život…", legt er los zu rezitieren, selbstredend aus dem Gedächtnis, alles hat unser Vaschek stets parat, er ist unser … naja, wandelndes Lexikon kann man eigentlich nicht sagen, dazu ist sein Schritt zu federnd und springend, vielleicht ist Vaschek ja gar nicht Jan Hus, sondern ein scheuendes Reh, jedenfalls bedeuten wir ihm höflich, wenn auch nachdrücklich, dass uns sein Holub im Moment am Arsch vorbeigehe. „Holub interessiert jetzt nicht, wir hätten nur gerne von der Landkarte gewusst, wohin wir unser Leben begeben sollen", sage ich. Ja, aber die Pointe des Gedichts sei doch so schön, macht er trotzdem weiter, weil da irre im Ersten Weltkrieg irgendeine österreichische Einheit als Spähtrupp durch die italienischen Alpen und gerate in einen Schneesturm. Die Männer kehrten drei Tage lang nicht mehr zurück, würden als verschollen gelten. Plötzlich aber, wundersamerweise, seien sie wieder aufgetaucht. Einer von ihnen hätte eine Landkarte in seinem Gepäck gefunden, und allein die Tatsache, diese Landkarte zu haben, hätte ihnen soviel Sicherheit und Zuversicht gegeben, dass sie sich einbiwakiert hätten gegen den Schneesturm, und als er vorbei gewesen sei, seien sie mit dieser Karte auf dem richtigen Weg zurückgekehrt, „a tak jsme tady, und so sind wir hier", rezitiert Vaschek noch einmal aus dem Gedicht, „und wisst ihr, was das für eine Landkarte war, mit der dieser österreichische Spähtrupp wieder aus den Alpen herausgefunden hat … eine Karte von den Pyrenäen".

Ah ja, so ist das! Wir sehen Vaschek mit großen Augen an. Dann verstaut Friedrich seine Wanderkarte im Rucksack. Er ist nämlich – qua seines Alters – derjenige, der den Weg suchen darf. Harald tritschelt grundsätzlich mehrere hundert Meter hinter der übrigen Wandergesellschaft her und disqualifiziert sich so von selbst als Anführer. Ich halte mich möglichst unauffällig im Mittelfeld. Will nicht verantwortlich sein, wenn wir uns verlaufen. Bin gewissermaßen nur Mitläufer. Später werde ich merken, dass jedes Verlaufen, das uns wieder einmal gelungen ist, von allen wie ein Triumph gefeiert wird. Also gefeiert worden sein wird. Ich, der ich keine Karten lesen kann, hätte mich glänzend hervortun können. So aber bleibt es unserem einzigartigen Friedrich vorbehalten, nach jedem Verlaufen auf die Schultern genommen zu werden wie irgend so ein siegreicher Heeresführer und in die Luft geworfen zu werden mit Jubelschreien wie „Hussa, schon wieder verlaufen". Legendär geworden im Verlauf unserer Wanderung ist sein mehrfach getätigter Ausspruch: „Des is zwar komplett falsch, wo ma jetzt san, aber irgendwie is's do aa schöi." Nirgends ist es so interessant wie in der Irre. Wirklich arm dran waren wir nur die paar Male, als uns ortskundige Begleiter das Heft aus der Hand nahmen und uns schnurstracks und ohne Umwege ans Ziel führten. Wie sehnten wir uns da zurück zu den Tagen, da wir alleine zu dritt – oder eben wie jetzt zu viert mit Vaschek – unbekümmert trällernd durchs Ungewisse stolperten.

So auch jetzt. Wir verlassen uns ganz auf den Kompass der Poesie. Und stapfen also nach Staré Sedliště hinein.

Dort wartet ein Wirtshaus auf uns. Es wartet wirklich. Die Eingangstür ist offen und niemand sitzt drin. Ob es daran liegt, weil es da drinnen so dunkel ist wie in einer Höhle? Wie der geneigte Leser mittlerweile vielleicht gemerkt haben wird, sind wir überaus mutige Männer. Wir gehen also hinein. Außerdem sind wir auch noch überaus hungrige Männer. Wir fragen die selbstverständlich blonde Besitzerin des Lokals, was sie uns denn aus der sicherlich reichhaltigen Speisekarte der westböhmischen Regionalküche anbieten könne. Hier seien doch ringsum überall Fischteiche. Ob es daher nicht vielleicht einen schönen gebackenen Karpfen oder dergleichen gebe. Tue ihr leid, aber das einzige, was sie habe, seien … Ertrunkene. Wie bitte? Ja, Wasserleichen! Utopenci! Aus den Fischteichen etwa, flachsen wir zurück. In Böhmen versteht man solcherart Humor. Die Wirtin lächelt und sagt: „Vielleicht." Vaschek spricht mit ihr ein paar Worte auf Tschechisch. Die Wirtin tritt ab. Vaschek sagt: „Ihr werdet staunen."

Was kommt, ist nämlich eine sauer eingelegte Knackwurst. Wurstsalat en gros und nicht en detail. Die Knacker ist lediglich der Länge nach aufgeschlitzt und ein paar der ebenfalls in Essigsud mitersoffenen Zwiebeln werden in diesen Schlitz hineingestopft. Ausschauen tut es eher wie herausquellend. Wir ver-

bieten uns jedoch die Assoziationskette: Wasserleiche … aufquellen … aufplatzen … herausquellen, sondern beißen herzhaft hinein. Wie gesagt: Mutige Männer, gleichzeitig hungrig. Wir loben Vaschek gegenüber diese tschechische Kneipenspezialität, die normalerweise in großen Einweckgläsern auf jeder Theke zu stehen hat. Gleichzeitig anerkennen wir, dass der Tscheche in jeder Hinsicht „a Hund ist". Er

macht es mit dem Wurstsalat ebenso wie mit seinem Alphabet: Er spart. Dort Buchstaben, hier das Aufschneiden in Wurschtradeln. Das spart er sich. Es schmeckt trotzdem vorzüglich. Wobei grundsätzlich gesagt werden muss: Dem Wanderer schmeckt alles. Da ist er überhaupt nicht mehr hoakl. Vielleicht ist das sogar mit ein Grund, warum er überhaupt wandert. Beim Wandern vergeht einem wie von selbst jegliche Hoaklhaftigkeit.

Aber zurück zum Wesentlichen. Ist euch eigentlich schon aufgefallen, sage ich zu meinen drei Mitwanderern, dass hier auf jedem Tisch eine Fliegenpatsche liegt. Interessante Beobachtung, sagt Harald. Und entwickelt sofort, wie das so seine Art ist, eine weitgreifende These. Fliegen und anderes Gesurr gibt es bekanntlich überall. Abnehmend jedoch ist die stoische Akzeptanz dieser nun einmal nicht zu ändernden Naturbeschaffenheit gegenüber. Und zwar nimmt sie umso mehr ab, je näher man dem sogenannten Kerneuropa kommt. In den Fjorden Skandinaviens und im rumänischen Donaudelta, so erläutert unser Europawanderer, schere sich niemand um Mücken und Fliegen. Man lässt sie gewähren. Je näher wir aber dem Zentrum Mitteleuropas kommen, desto unleidiger wird der Mensch gegenüber seinen Mitgeschöpfen. Die ersten Gegenmaßnahmen und Bekämpfungsmittel tauchen auf. Es lässt sich geradezu eine Korrelation herstellen zwischen der statistischen Fliegenpatschendichte und der Nähe zum Mittelpunkt Europas. Jetzt habe er's, sagt Harald und hebt den Finger. Die Wirtin missdeutet dies als Bestellung einer weiteren Runde Bier. Allerdings können wir uns nicht dazu aufraffen, das Missverständnis aufzuklären, vielmehr opfern wir uns und trinken auch dieses Seidel noch. Zusammen mit dem Anprosten der neuen Runde teilt Harald dann die Conclusio seiner Überlegungen mit: Da, wo eine Fliegenpatsche auf dem Wirtshaustisch liegt, da ist Mitteleuropa. Prost!

Apropos Mitgeschöpfe, unleidig und Mitte Europas, meldet sich Vaschek zurück. Ob wir überhaupt wüssten, wo wir seien? Na, in einer Wirtshaushöhle in Staré Sedliště, wo sonst? Auf einem der geschichtsträchtigsten Böden Mitteleuropas überhaupt, belehrt uns Vaschek. Hier, bei Tachov, um Tachov und um Tachov herum habe eine der Schicksalsschlachten des gesamten Abendlandes getobt.

„Wann?" frage ich.

„An einem 4. August", sagt Vaschek, unser hupfendes Lexikon.

„Ist nicht wahr!" sage ich.

„Warum soll das nicht wahr sein. Rebellierst du jetzt sogar schon gegen geschichtliche Tatsachen", weist mich Vaschek zurecht.

„Nein, ich mein doch etwas anderes. Wisst Ihr überhaupt, der wievielte heute ist?"

Friedrich schlägt sein Notizbuch auf, das er, wie könnte es anders sein, vor sich liegen hat. Da hat er gerade eben hineingeschrieben, 4. August, wir unterstreichen, vierter Tag unserer Wanderung, Doppelpunkt, Utopenci, in Klammern tschechisch, ist gleich Wasserleichen.

Ich wiederhole, weil sie anscheinend auf der Leitung sitzen, meine müden, eingekehrten Wanderfreunde. „Vierter August! Hast du nicht gerade vierter August gesagt, Vaschek?"

„Ja, freilich. 1427."

„Dann ist heute exakt der 579. Jahrestag."

„Von was denn überhaupt?" wird Friedrich ungemütlich. „Jetzt lass ihn doch endlich mal erzählen."

Also gut. Vaschek hebt an: „1427. Jan Hus ist seit 12 Jahren tot. In Böhmen haben seine teilweise viel radikaleren Anhänger das Ruder übernommen. Es besteht die Gefahr, dass der Funken des Ketzeraufruhrs auch noch auf andere Länder überspringt. Und was tut Rom? Was Rom immer tut, wenn sich etwas in der Welt bewegt: Es versucht es aufzuhalten. Also schicken Kaiser und Papst Kreuzzugsheere gegen Böhmen, mit dem alten papistischen Leitspruch: Do bass auf, de machma wieda katholisch. Das Dumme ist nur, der Gegner, auf den man trifft, ist aus gänzlich anderem Holz. Man könnte sagen, die Hussiten sind fundamentalistische Gotteskrieger, die nichts und niemanden fürchten, am allerwenigsten den eigenen Tod. Und die katholische Gegenseite? Ein eher relativistischer, wohlstandssatter, werteschwankender Haufen von Weicheiern. Die können sich ja nicht einmal einigen, wer der Anführer sein soll. Wie Buben beim Ritterspielen reißen sie sich gegenseitig das Banner, dem alle folgen sollen, aus den Händen und schmeißen es beleidigt dem anderen vor die Füße, ,dann mach's halt du!'. Der englische Kardinal Henry Beaufort kommt leicht verspätet zum Schlachtfeld und sieht eine Wagenkolonne, die schon wieder dabei ist, Richtung Grenzwald, Bärnau wahrscheinlich, abzuziehen. Er hält sein Kruzifix in die Höhe. ,Halt, andere Richtung', so in dem Sinne wird er etwas gesagt haben. Hört aber keiner auf ihn.

Noch schlimmer soll es ja dann vier Jahre später bei Taus, Domažlice, gewesen sein. Übrigens wieder August, diesmal vierzehnter. Das christliche Kreuzfahrerheer wartet gar nicht einmal den Angriff der Hussiten ab. Es reicht schon, dass sie irgendwo im Wald das Donnern der auffahrenden, in Zeilen aufgestellten Kampfwagen hören, unterlegt mit dem hussitischen Choral ,Da ihr die Streiter Gottes seid'. Die Römisch-Katholischen hören das … und machen sich in die Hosen. Sie lassen alles fallen und rennen auf und davon. Manche rennen bis Nürnberg, ohne sich ein einziges Mal umzuschauen, und wollen selbst dort das Rennen nicht aufhören, stammeln vielmehr atemlos, ‚da Hus, da Hus‘. Andere wiederum sind in solcher Panik, dass sie in die verkehrte Richtung davonlaufen, mitten hinein in die Reihen der Hussiten. Statt sich dem Kampf zu stellen, klettern sie auf die Bäume. Die hussitischen Krieger warten in aller Ruhe unten am Stamm, machen wahrscheinlich ihre Witzchen, und als die Kreuzfahrer dann entkräftet herunterrutschen, erschlagen sie sie einfach. So ist es auch hier bei Tachov 1427 gewesen. ‚Tausende Kreuzfahrer wurden bei ihrer Flucht im Walde erschlagen‘, schreiben die Historiker. Eigentlich“, sagt Vaschek zum Abschluss seines kleinen Vortrages, „müsste man, wenn man ganz still ist, noch immer das Wimmern und Jammern hören in dieser schreienden Landschaft zwischen Staré Sedliště und Tachov. Vor allem an einem Tag wie diesem. Vierter August …“

Wir verließen die Kneipe dann. Und trotteten ganz still unseres Weges, mitten hinein nach Tachov.

Stručná úvaha o mapách

Albert Szent-Györgji, jenž toho věděl dost o mapách,
    podle nichž se ubírá kamsi život,
    vyprávěl tento příběh z války,
    skrz niž se ubírá kamsi historie:

Z malého maďarského oddílu v Alpách vyslal mladý poručík

    výzvědnou skupinu do ledové pustiny.
    Neprodleně
    počalo sněžit, sněžilo dva dny a skupina
    se nevrátila. Poručík trpěl: poslať
    na smrt své lidi.

Leč třetího dne výzvědná skupina byla zpět.
    Kde byli? Jak dokázali nalézt cestu?
    Ano, pravila skupina, pokládali jsme se již
    za ztracené a čekali konec. Když tu jeden z nás
    našel v kapse mapu. To nás uklidnilo.
    Utábořili jsme se, přečkali sníh a pak s mapou
    našli správný směr.
    A tak jsme tady.

Poručík si vypůjčil onu podivuhodnou mapu, aby ji
    prostudoval. Nebyla to mapa Alp,
    nýbrž Pyrenejí.

…

Nashledanou.

                                        Miroslav Holub

Eine kurze Überlegung zu Landkarten

Albert Szent-Györgji, der genug über Landkarten wusste,
      nach denen sich das Leben irgendwohin begibt,
      erzählte diese Begebenheit aus dem Krieg,
      durch den sich die Geschichte irgendwohin begibt:

Von einer kleinen ungarischen Abteilung in den Alpen schickte ein junger Leutnant

      einen Spähtrupp in die Eiswüste.
      Unverzüglich
      begann es zu schneien, es schneite zwei Tage lang und die Truppe
      kam nicht zurück. Der Leutnant litt: schickte er doch
      seine Leute in den Tod.

Doch am dritten Tag war der Spähtrupp zurück.
      Wo waren sie? Wie haben sie es geschafft, den Weg zu finden?
      Ja, sprach die Truppe, wir hielten uns schon
      für verloren und warteten auf das Ende. Aber da
      fand einer von uns in der Tasche eine Landkarte. Das beruhigte uns.
      Wir haben unser Lager aufgeschlagen, überstanden das Schneetreiben
      und dann fanden wir mit der Landkarte die richtige Richtung.
      Und so sind wir hier.

Der Leutnant borgte sich die wundersame Landkarte, um sie
      gründlich zu studieren. Es war keine Landkarte der Alpen,
      sondern der Pyrenäen.

…

Auf Wiedersehen.

      Aus dem Tschechischen von Václav Maidl

Lern Tschechisch beim Wandern
Fünfte Lektion

Die westböhmische Grenzregion war in der kommunistischen Zeit Sperr-gebiet. Da konnte man von dieser Gegend keinerlei Landkarten bekom-men. Auch in Reiseführern war sie ausgespart. Seit 1990 wird sie nun von Bayern her mit Wegmarkierungen langsam wieder erschlossen, begehbar, „bewanderbar" gemacht. Auch von Pilsen her sind die Wanderwege gut beschildert. Aber dann zwischen Skviřín und Tachov lässt sich das Sperr-gebiet immer noch erahnen. Da verlieren sich nach und nach alle Weg-markierungen. Viel Brachland und wegloses Land und wenn Wege, dann kann man sie nur schwer einem Ziel zuordnen. So wandern wir eben ohne markierte Wanderwege weiter.

Die Menschen, die uns begegnen, scheinen auf der Stelle zu treten. Keine zornigen Gesichter, die einen erschrecken, keine fröhlichen, die einen will-kommen heißen. Was bedrückt, ist die Leere, die sich in vielen Gesichtern breitmacht. Ödland der Mimik. Auch Spuren von Angst und Unsicherheit, wenn ihnen Fremde entgegentreten.

Mit das Schönste am Wandern ist das Verirren.

Wir verirren uns zuerst mit dem Finger auf der Landkarte, dann in der Wirk-lichkeit und dann noch einmal auf der Landkarte. Dabei haben alle Erken-nungszeichen gestimmt: Die Hochspannungsleitung, die Weiher im Osten, die Weiher im Westen, die Weiher im Süden und die Weiher im Norden ... Und das Schönste am Verirren ist dann ein Dorf mit einem Wirtshaus, das so sperrig im Weg steht, dass man an einer Brotzeit nicht vorbeikommt. Und was gibt's zur Brotzeit?

Leider nur *utopenci*, sagt die Wirtin.

Aha – und was heißt das?

„Ertrunkene" übersetzt der Václav – praktisch „Wasserleichen".

Und so schauen sie aus: etwas bleiche Knackwürste, die in einem hohen Glas zusammen mit Zwiebelringen und verschiedenen Gewürzen in einer Lake aus Essig und Öl einige Tage lang darauf warten, dass die Gäste quasi als Wasserwacht die Bergung vornehmen.

Und – Hut ab! – die schmecken gar nicht so schlecht, die *utopenci*.

ein stück gemeinsam

für václav maidl

mit dir sind wir
ein stück jakobsweg gewandert
vom hracholusky stausee nach kladruby
du hast uns
das alte barocke kirchlein gezeigt
in jezná
du hast erzählt
vom pflanzen der linden und den jahreszahlen
den steinigen weg am flussufer
hast du uns
mit kirschen und himbeeren versüßt
wir haben
mit den steinen geredet am wegrand
und denen am friedhof
sogar die umwege
haben mit dir freude bereitet
danach beim pivo in der kneipe
in tachov aber
haben sich unsere wege getrennt
jeder ging nun
heimwärts

Friedrich Brandl

5. August

Von Tachov nach Bärnau

über Světce, Obora, Branka: ca. 15 km

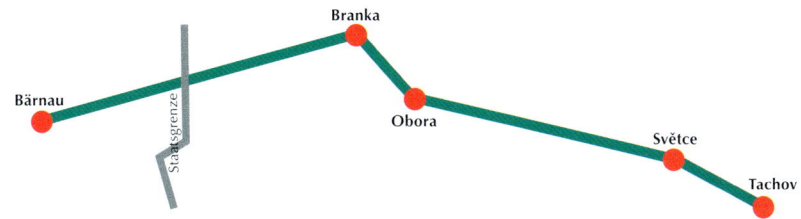

Der Tag beginnt – *wie noch so manches Mal während dieser Wanderung – mit einem Empfang beim Bürgermeister. Der findet im ehemaligen Stadtschloss von Tachov statt. Der Bürgermeister erzählt uns, in welchem ruinösen Zustand das Gebäude war, ehe es von Rentnern in ehrenamtlicher Arbeit nach der Wende wieder aufgebaut wurde. Schließlich müssen wir uns doch verabschieden, so interessant diese Geschichten auch sind. Vorbei an der alten Mühle, an der am Abend zuvor der Tachover Fairplay Club unter Leitung von Rudolf Tomšů eine Lesung für uns organisiert hatte, geht es entlang der Mže zur Stadt hinaus. Nicht lange dauert es, dann kommen wir nach Světce. Dort sollten wir unbedingt vorbeischauen, hat uns Rudolf Tomšů gesagt, steht dort doch neben der Hofreitschule in Wien die zweitgrößte Reithalle Europas. Fürst Alfred von Windischgrätz hatte sie Mitte des 19. Jahrhunderts erbaut. Die Stadt Tachov hat sie nach der Wende vor dem völligen Verfall gerettet, heute finden dort Konzerte und Bälle statt. Weiter geht es über Svobodka, Dolní Obora und Obora nach Branka, die letzte kleine Ansiedlung vor der Grenze. Gott sei Dank gibt es dort ein Gasthaus zum Einkehren. Denn der nun noch folgende schnürlgerade Weg zur Grenze bei Bärnau zieht sich … und vor allem: ständig geht es leicht bergauf.*

Rudolf Tomšů: *Wir leben in der Mitte Europas. Ich habe einen Betrieb. Ich fühle, dass bei Verhandlungen die Nähe zur Grenze ein Riesen-Vorteil ist. Aber, wie ich gesagt habe, es gibt zu wenige, die das nützen können. Hier gibt's zu wenige Leute, die im Stande sind – auch als Folge der Erziehung zur Unselbständigkeit – selbständig zu denken, die entscheiden können, unternehmerisch denken, das ist das größte Problem. Und die Moral ist in einem erbärmlichen Zustand, weil die Leute immer gewöhnt waren, versorgt zu werden. [...] Es gibt jetzt alle Chancen, aber es gibt zu wenige, die die Chancen nützen.*

Setzwein: *Und die Jungen werden wahrscheinlich in größere Städte weggehen, Richtung Zentren sich bewegen, Prag ... oder nicht?*

Rudolf Tomšů: *Auch. Aber die kommen dann zurück. Das Wichtigste ist, dass die praktizieren oder studieren ... im Westen und die Normen hierher mitbringen. Damit nicht diese Tradition von Sozialismus in das Blut der jungen Generation übergeht. Das ist die schlimmste Gefahr. Die Chancen sind unglaublich. Für die jungen Leute, die studieren und sich interessieren, ist absolut alles offen. Und es gibt schon junge Leute – teilweise kann ich darüber sprechen, weil die hier arbeiten, die wirklich zielstrebig sind, die gut studieren, die bei mir ein bisschen dazu verdienen, die geschickt sind und offen, haben diese Augen, die für alles offen sind, das ist die Hoffnung. Ob die genug sind, das weiß ich nicht.*
Mein größtes Problem ist: einen guten Mann für die Arbeit zu finden. Geld, Maschinen, Material ... alles ist da, nur die verlässlichen, selbständig denkenden Leute zu finden ... ist unglaublich schwer.

Grill: *Bei unserer Wanderung durch die Dörfer ist mir aufgefallen, da gibt es Häuser, an denen hat seit 70 Jahren niemand mehr etwas repariert. Da wohnen Leute drin, die diese Häuser nicht Besitz nehmen – so als wären sie nur vorübergehend dort untergebracht.*

Rudolf Tomšů: *Das ist typisch. Aber das ist auch Folge von dieser demographischen Entwicklung. Ich möchte sagen, die Qualität der Leute ist so, dass sie sagen: Hauptsache Rum, Bier, Essen. Aber wie es aussieht, ist für die nicht so wichtig. Vereinfacht sage ich das. Aber die Beispiele spielen eine unglaubliche Rolle. Zum Beispiel: Hier ziehen auch schon wieder ein paar Deutsche ein, nicht Sudetendeutsche, sondern einfach: ein Deutscher heiratet eine Tschechin und der hat die deutschen Eigenschaften, repariert das, legt den Garten an und ein Hausbesitzer nach dem anderen macht es nach.*

Grill: *Ist das wirklich so?*

Rudolf Tomšů: *Das ist wirklich so! Das hat wirklich eine Anziehungskraft ... unglaublich! Und auch Traditionen sind von Deutschland zu uns gekommen, die hier nie waren. Also, die Leute schauen sich das an, fahren hinüber nach Deutschland, zum Einkaufen, die sehen zum Beispiel die Weihnachtssterne, die gefallen ihnen, und heute ist jedes Fenster bei uns mit Weihnachtssternen geschmückt. Und solche Sachen gibt es sehr viele.*

Setzwein: *Geranien sind mir auch aufgefallen.*

Rudolf Tomšů: *Die Geranien sind das Typischste! Sie sagen es. Das ist das Typischste. Geranien überall.*

grenzlandflauna

am wegrand
das doldenförmige randkraut
und der wollblättrige straßenklee

hundsgemeiner rübling
gibt schutz
der braungefleckten grenznatter

kurzstieliger
oberpfälzer baumkürbis
sticht heraus

von weitem hören wir
das lied der zweischwänzigen
rostigen drahtdrossel

Friedrich Brandl

Lern Tschechisch beim Wandern

Wir fassen zusammen

Welche tschechischen Wörter haben wir gelernt während der letzten fünf Tage in unserem Nachbarland:

velbloud – pivo – parky teplé – dobrý den – prosim – dekuij – pozor pez – řisek – utopenci

Kamel, Bier, heiße Würstchen, guten Tag, bitte, danke, Vorsicht Hund, Schnitzel, Wasserleichen …

Jetzt werden manche sagen: „Weit werdet ihr damit nicht kommen."
Naja, von Pilsen bis Bärnau sind's auf Fußwegen immerhin rund 100 km.

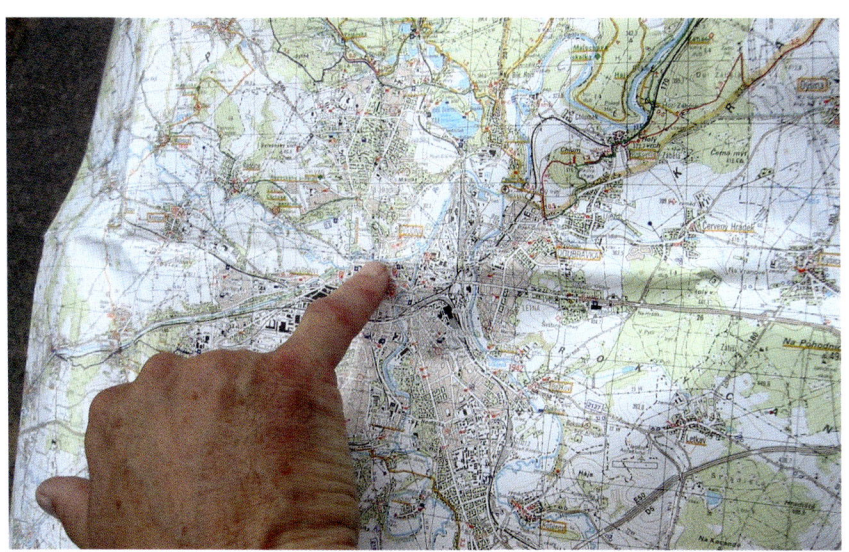

bergauf

der rucksack wird
mit jedem schritt schwerer

hinzu kommen die jahre
da zählt jeder schritt doppelt

doch viel mehr noch
kann dir beim gehen

ein steinchen im schuh
oder eine falte im socken

den weg
zur hölle machen

Harald Grill

Grenzüberschreitung

Friedrich Brandl

Heute sind es nicht nur wir drei Autoren,
die zur Wanderung aufbrechen.
Einige Freunde aus Bayern sind herüber gekommen nach Tachov.
Schon gestern bei der Lesung waren sie dabei.
Der Abschied in Tachov ist herzlich.
Entlang der Mies wandern wir nach Branka.
Dieser kleine Fluss hat uns all die Tage in Tschechien begleitet.
Heraus aus Pilsen zum Hracholusky Stausee.
Nach Stříbro und nach Tachov.
Sein Quellgebiet aber ist im Oberpfälzer Wald,
nicht weit von der bayrisch-böhmischen Grenze entfernt.
Das Wasser hat sich noch nie um Grenzpfähle und Zäune geschert,
waren sie auch noch so hoch, so dicht, so eisern.
Von Branka aus nehmen wir den Wanderweg
zum Grenzübergang Hermannsreuth.
Die Hinweisschilder sind zweisprachig.
Ein steiler, geradliniger Weg zieht sich hinauf zum Grenzkamm.
Wir müssen bis auf fast 850 Meter steigen.
Das letzte Stück laufen wir über eine Weidefläche.
Dann der Übergang:
ein kleines Holzhäuschen, die Fahnen der beiden Länder,
Schilder, blau-weiße Pfähle.
Das ist alles heute,
an diesem Samstag im August 2006.
Die Grenze hat ihren Schrecken verloren
und das jetzt schon seit mehreren Jahren.
Mehr als 40 Jahre aber zog sie sich als Eiserner Vorhang hin.

Allein der Ausdruck ließ mich als Kind erschaudern.
Stacheldraht, Wachtürme, Selbstschussanlagen, Minenfelder.
Mehr als 40 Jahre war diese Landschaft hier verbotenes Land.
Verboten für die Menschen, die im Osten wohnten,
weil sie sich nicht so nahe an diese Grenze heranwagen durften.
Verboten für die Menschen aus dem Westen,
weil dieser Eiserne Vorhang zugezogen war.
Nur einmal, 1969, passierte ich diese Grenze.
Mit drei Freunden reiste ich nach Prag.
Es war Frühling.
Doch von Frühling war nichts zu spüren.
Langwierig war der Grenzübertritt.
Stundenlang die Pass- und Gepäckkontrollen.
Man brauchte Geduld.
Heute ist der Grenzzaun abgebaut.
Noch gut in Erinnerung ist mir ein Bild aus dem Jahre 1989:
die damaligen Außenminister der beiden Länder,
Genscher und Dienstbier,
durchschneiden symbolisch den Stacheldraht,
der diese beiden Länder so lange getrennt hatte.

Auch ein anderer Zaun in unserer Heimat
verlor in diesem Jahr seinen Schrecken.
Jahrelang tobten am Bauzaun in Wackersdorf
die Auseinandersetzungen um die geplante Wiederaufbereitungsanlage.
Ein kilometerlanger, meterhoher Stahlzaun
mit Stacheldraht, Betongraben und Scheinwerfern
sicherte damals das Baugelände.
Mich erinnerte er jedes Mal an den Eisernen Vorhang.
Nach dem historischen Baustopp 1989
verschwand auch dieser Zaun.

Am Ende der Weidefläche
erwarten uns Bürgermeister und Mitbürger aus Bärnau
mit Wein, Brot und Salz als Willkommensgruß.
Eine Tafel weist auf das ehemalige Dorf in Böhmen hin,
das hier gestanden hat und den Grenzanlagen weichen musste.
Drei Frauen erzählen von der Zwangsumsiedelung.

Grenze und Zaun sind heute zwar verschwunden,
doch die einst geschlagenen Wunden haben Narben hinterlassen.
In der Landschaft sind sie schon fast verheilt.

fundstücke

ich trage schwer
an diesen fundstücken
aus böhmen

schwer sind sie
wie die grabsteine aus granit
vom jüdischen friedhof

zwölf jahre
sind eingemeißelt auf ihnen
oder auch zweitausend

am wegrand dann
der rostige stacheldraht
könnte neue wunden

reißen

Friedrich Brandl

Unterm Zoiglstern

Ein Auftritt der drei Wanderer als Statisten in einem surrealistischen Film

Harald Grill

Beim Eintreten zwicken die Augen, der Wind draußen hat ihnen nichts ausgemacht, aber jetzt werden sie wässrig, nicht mehr lang, dann bierig.
Noch ein Zoigl?
Unglaublich, wie oft die Kellnerin mit einem vollen Bierkrügl vorbeischwebt und schon ist das leere wieder weg.
Es soll schon einmal ein Urlauber gesagt haben: „Hier geht's ja zu wie in einem Affenhaus!"
Und es soll weder ein Norddeutscher noch ein Schweizer gewesen sein.
Die Leute hier sind aber keine Affen, keine exotischen Käuze, Spinner oder gar Monster. Es sind Menschen, wie sie überall in den Nischen Europas zusammenfinden, die Ausgleich suchen zu den oft genug menschenverachtenden Bedingungen ihrer Ellbogengesellschaften, surrealistisch, überwirklich, eine Handbreit über der Wirklichkeit – ähnlich wie die Teilnehmer an der Weltmeisterschaft für Luftgitarrespieler im finnischen Oulu. Menschen, die einander im Absurden Halt geben, so als wüssten sie nicht, dass die Schinderei in der Woche drauf wieder weitergeht. So hat sich der Schriftsteller Albert Camus den Sisyphos vorgestellt, dem der Stein kurz vor dem Gipfel, auf den er ihn rollen soll, wieder und wieder auskommt und der wieder und wieder hinuntergeht, um ihn erneut aufzunehmen. Diese Zeit des Hinuntergehens ist die Zeit der Erholung, des Zu-sich-Kommens. Die Zeit des Hinuntergehens ist die Zeit unterm *Zoiglstern*. „Man muss sich Sisyphos als glücklichen Menschen vorstellen."
Die Bärnauer Zoigler weisen niemandem eine Rolle zu, sie denken nicht daran, Rollen zu verteilen. Jeder spielt hier seine eigene Rolle. Eine oder mehrere. Für manchen sind die Zusammenkünfte unterm Zoiglstern eine Möglichkeit, auf die Suche nach sich selbst zu gehen. Und er wird sich gar nicht so selten in den anderen wiederfinden, in denen, die auch auf der Suche nach sich selber sind.

Und so sieht sich beim Zoigl jeder, der die anderen anschaut, im Spiegel im Spiegel im Spiegel im Spiegel im Spiegel im Spiegel ...

Schau, ein Mann in Tarnuniform! Die anderen nennen ihn *Uncle Sam*. Ein mächtiger Amerikaner, einer, der den Staat in einer Weise verkörpert, dass man ihn zwar ernst nehmen, aber nicht mehr fürchten muss. Der *Uncle Sam* ist der Wirt von gegenüber. Solche Amis mögen wir. Wenn der Zoiglstern über der „Post" aufgeht, schließt er gern sein Wirtshaus zu und kommt herüber.

Da sind die anderen dann schon alle da. Viele folgen dem Stern. Und wenn einmal drei Könige mit ihrem Gefolge darunter sind, ist auch nix hin. Und jeder Hirte, der mit seiner Schalmei oder seinem Dudelsack dazustößt, ist sowieso willkommen.

Akkordeon und Teufelsgeige sind schon da. Grad nimmt einer eine abgegriffene, verbeulte Tuba von der Wand und bläst und bläst, stößt hinein, dass es Töne gibt wie das Trompeten dreier verschieden großer Elefanten. Aber kaum jemand stört sich an diesen Grenzüberschreitungen und Schallmauerdurchbrüchen, viele können es eh nicht mehr hören, weil es so laut ist in den beiden miteinander verwachsenen Gasträumen. Der hintere Teil, ein Tonnengewölbe von gut zehn Metern Tiefe, war früher einmal ein Schießstand. Dort bricht sich der Klang und scheint sich in einzelne Schüsse zurückzuverwandeln.

Ich muss hinaus, etwas Ballast abgeben. Im Gang grüßt mich von einem Ausstellungsplakat herunter ein Bischof. Der ist in Bärnau geboren, heißt es, und ich denk mir noch in einer Art kühnem Gedankenpurzelbaum: Kann kein so schlechter Bischof gewesen sein, wenn er hier geboren worden ist unterm Zoiglstern.

Smoke on the Zoigl, der Pulverdampf wird sich erst in den Morgenstunden verzogen haben, da gehen dann nach und nach die Lichter aus, nur die Augen brennen weiter.

Frühmorgens schleichen wir in unsere Zimmer im Gasthof „Zum Kalt'n".

Der 6. August ist angebrochen, ein Tag, vieleckig wie ein Stern. Ein Zacken von dreieinhalb Stunden fehlt ihm schon.

Beim Zoigl

Friedrich Brandl

Leit, Leit, Leitln müssts lustig sei, lustig sei
In the Yellow Submarine
Marina, Marina, Marina
Kennst du die Perle, die Perle Tirols
Oh, when the saints
Dieser Abend in der Alten Post
wird uns sicher noch lange in Erinnerung bleiben.
Der Bürgermeister hatte uns nach der Lesung in der Windschnurrn
in die Zoiglstubn am Marktplatz von Bärnau eingeladen.
Dam, dam, dam, dadadadamdam, dam, dam, dam, damdam.
Es war Samstag
und wir waren am Ende der ersten Woche unserer Wanderung
über die Grenze bei Hermannsreuth angekommen.
Das tschechische Bier mit seinem bitteren Geschmack
und seiner dunklen, goldenen Farbe
hatte uns alle die Tage begleitet.
„Na zdravi!"
What shall we do with the drunken sailor?
Pilsner Urquell, Gambrinus, Chodowar
und als Brotzeit Utopenci.
Das ging schon an bei der Verabschiedung im Pilsener Rathaus.
Der Primator – klingt das nicht eh wie ein bayerisches Starkbier –
also der Oberbürgermeister der Stadt, Miroslav Kalous,
sprach von Pilsen als der Stadt der Wissenschaft und Bildung,
der Universität, Kultur und vor allem als der Weltstadt des Bieres.
Das kann ja heiter werden, dachte ich mir so beiläufig.
Da gehen wir aus der Weltstadt des Bieres weg
und kommen knapp zwei Wochen später

über den Frohnberg bei Hahnbach, über den Annaberg von Sulzbach-Rosenberg
ebenfalls in einer Stadt des Bieres – in Amberg – an.
Wenn das kein Zufall ist.
Ein Schiff wird kommen.
Vielleicht kommt sogar der Name Goldene Straße
von der goldenen Farbe des Bieres?
Aber nein, da geht meine Phantasie mit mir durch.
Damals hatte das Bier noch keine so goldene Farbe.
Es war eher trüb und dunkel.
Aber Tatsache ist,
dass Amberg lange Jahre gemessen an seiner Bevölkerungszahl
eine sehr hohe Dichte in der Zahl seiner Brauereien aufwies.
Ich hab das noch erleben und vor allem kosten können.
Beim Amberger Bergfest bekommt man noch ein bisserl einen Hinweis
auf die einstmals zehn Brauereien:
Brauhaus, Bruckmüller, Falk, Jordan, Kummert, Malteser, Schießl, Sterk,
Wingershof und Winkler.
Übriggeblieben als eigenständige Brauereien sind heute nur mehr eine Handvoll.
1,2,1,2,1,2,3,1,2,3,1,2,3, Guantanameeeeera.
Apropos kosten dürfen.
Als Kind schickte mich der Vater ein-, höchstens zweimal die Woche
nach Feierabend zum Bierholen.
Wir wohnten in der Ziegelgasse im Herzen der Altstadt.
Beim Winkler – gut zehn Minuten Fußweg entfernt –
wurde das Bier meist gut eingeschenkt.
Wenn man da eine Halbe bestellte, bekam man drei Schoppen.
Also machten wir uns mit Milchkannen auf den Weg,
zwei, drei Nachbarsbuben zusammen.
Dass dann ab und zu gekostet wurde, versteht sich von selber.
Eine Halbe brachten wir immer mit heim
und erklärten dann mit Unschuldsmienen,
dass heute mal wieder schlecht eingeschenkt worden sei.
Barbarabababambambambambam, down by the riverside.

Aber zurück nach Bärnau.

Der Zoigl ist ein untergäriges Bier

und wird nach althergebrachter Weise

in offener Sudpfanne gebraut.

Das bewirkt,

dass man vom Zoigl keine Kopfschmerzen bekommt,

weil der Fuselalkohol entweichen kann,

erklärt ein Fachmann.

Es gibt heute noch einige solcher Kommunbraustätten,

zum Beispiel in Neuhaus, Windischeschenbach, Eslarn oder Rötz.

Der Zoigl von Bärnau wird nicht im Ort selbst gebraut.

Er wird nur an einem Wochenende im Monat

in der Zoiglstubn der Alten Post ausgeschenkt.

Die Zoiglstubn, das ist eine alte Wirtshausstube

mit massivem Dielenboden, blanken Holztischen und einfachen Stühlen.

An den ehemals weißgekalkten Wänden hängen ein alter Spiegel

und Erinnerungsbilder von Kriegsteilnehmern des Ersten Weltkriegs.

Die Stube ist zum Bersten voll.

Wir finden Platz auf einer Holzbank neben der Garderobe.

Ehe wir uns umsehen

hat jeder schon einen Krug mit Zoigl in der Hand.

Ein Musikantenduo mit Quetschn und Teufelsgeige heizt die Stimmung an.

Viele singen mit.

Andere trommeln auf die Tische.

Dam, dam, dam, dadadadamdam, dam, dam, dam, damdam.

Nur der gute Nachbar am Nebentisch nickt immer wieder ein.

Doch dann stößt der Teufelsgeiger sein Instrument –

ein Besenstiel mit allen möglichen Schlag- und Klangteilen –

heftig auf den Dielenboden.

Es kracht, es scheppert.

Da reißt es den Nachbarn aus seinen Träumen.

Mit erhobenen Armen dirigiert er den ganzen Saal.

Lass doch den Kopf nicht hängen.

Du bist ja die Schönste der Welt.

Der Saal tobt.

Der Quetschnspielerin rinnt der Schweiß in Strömen

über Gesicht, Hals und Nacken.

Immer wieder fordert die Menge einen neuen Hit.

Immer wieder erklingt *Smoke on the water – fire in the sky*

Irgendwann hören auch wir uns mitsingen und trommeln.

Dam, dam, dam, dadadadamdam, dam, dam, dam, damdam.

Der Marktplatz von Bärnau schwankt.

Die Häuser tanzen.

Das alte Haus von Rocky Docky.

Nein, es ist der Kirchturm,

der uns zuwinkt.

How many roads must a man walk down?

Die Straße hinab zu unserem Nachtquartier weitet sich.

Dann wird sie wieder ganz eng.

Wir haben Angst, dass wir da nicht mehr durchkommen.

Mit Anlauf haben wir es dann doch noch geschafft.
There is a house in New Orleans, they call the rising sun.
Singen wir oder klingt der Gesang aus der Zoiglstubn uns nach?
Wo sind denn meine Mitwanderer?
Dam, dam, dam, dadadadamdam, dam, dam, dam, damdam.
Wie war das noch mit der offenen Sudpfanne
und den Kopfschmerzen, die man vom Zoigl nicht bekommt?
Dam, dam, dam, damdam.

6. August

Von Bärnau nach Plößberg

über Kaltenmühle, Thanhausen, Hohenthan: ca. 12 km

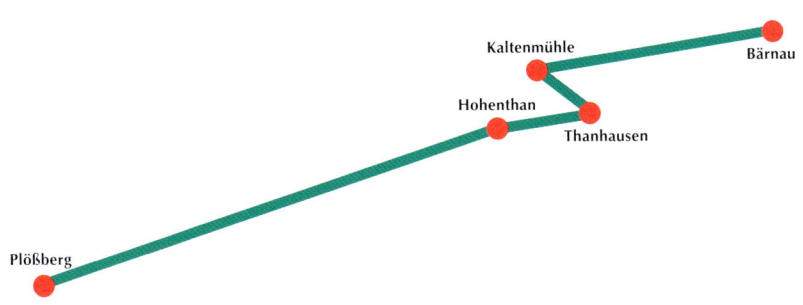

Vom Gasthaus „Zum Kalt'n" in Bärnau *geht es weiter, vorbei an einem Fisch-weiher und blühenden Weghecken nach Kaltenmühle zu einer Brotzeit in die Elektriker-, Leberkäs- und Wortwerkstatt, wo der 80-jährige Fritz Hubmann vom Alltag an der Goldenen Straße in der ersten Hälfte des vergangenen Jahrhunderts erzählt. Die meisten Lasten transportierte man seinerzeit mit Pferdewagen. Wenn die Haflinger mit ihrer schweren Last am Fuße des Hügels Richtung Bärnau „berg-stutzig" wurden und scheuten, spannten die Fuhrleute weitere Pferde vor.*
Nach der Brotzeit geht es weiter hügelauf und hügelab im strömenden Regen durch Thanhausen und Hohenthan vorbei an der Winkelmühle bis Plößberg, das einst in der ganzen Region als Ofenbauerort bekannt war. Wie die meisten Dörfer der Gegend hat Plößberg nicht nur eine 1000-jährige Geschichte, sondern auch zwei Kirchen: eine evangelische und eine katholische.

Grenzziehungen mit einem Kälberstrick

Bernhard Setzwein

Der Wandersmann weiß zu feiern, aber der Wandersmann weiß auch, was seine Pflicht ist. Um Punkt acht Uhr sitzen wir beim Frühstück in der Gaststube „Zum Kalt'n". Noch dazu, wo sich heute einige Mitwanderer angesagt haben, die jetzt dann gleich nach und nach eintrudeln werden und sich abmarschfertig neben unseren Frühstückstisch stellen, „lassen Sie sich nur nicht drängeln".
Und überhaupts ist draußen ein Wetter, bei dem man normalerweise nicht einmal einen Hund vor die Tür jagt, geschweige denn drei Wanderer. Noch dazu, wo diese drei Wanderer eigentlich drei Schriftsteller sind, also Verfasser schöngeistiger Werke und folglich zittrig-feinfühlige Wesen, man sollte sie vor Kälte und Nässe schützen.
Noch sind wir alleine in der Wirtsstube, natürlich mit Ausnahme der Wirtsleute, die sich rührend um unser Wohl kümmern und uns nebenbei ein bisserl ausfratscheln, wie's denn so gewesen sei, gestern Abend, ob wir den Zoigl auch vertragen hätten und wie viel Halbe denn zusammengekommen seien … Das heißt, jetzt, wo ich genauer hinschaue, scheint es mir, als ob ganz hinten im Eck noch zwei Männer säßen, die Köpfe zusammengesteckt, Köpfe, die breitkrempige Hüte aufhaben, Marke konspirativer Eckensteher, mit einem solchen Hut kann man eigentlich gar nicht anders als stundenlang mit hochgeschlagenem Mantelkragen auf seinem Beobachtungsposten ausharren. Vor sich auf dem Tisch haben sie die abgegessenen Frühstückstabletts zur Seite geschoben und großformatige Karten ausgebreitet. Heftig, aber mit zischelndem Flüstern debattieren sie und ziehen dabei mit dem Finger eine jeweils andere Linie über die Topographie. Der eine mehr östlich, der andere mehr westlich. Mir kommt's grad so vor, als ob sie um diese Linie rangeln würden. Vorsichtig schauen sie sich um, ob ihnen auch keiner zuhört.
Tut aber keiner, weil: jetzt fängt auf einmal der Harald an: „Mir rutscht d'Hosn!"
„Was is los?"

„Ja, seit gestern rutscht mir laufend die Hosn. Mir ist doch die Gürtelschnalle gebrochen, droben bei Hermannsreuth, grad wie wir über die Weidewiese auf den Grenzübergang zugehen. Und jetzt kann ich nicht mehr den Gürtel zumachen. Und folglich rutscht mir die Hosn. Depperte Gravitationsgesetze!"

„Steh mal auf", sagt Friedrich. Harald folgt, steht auf … und derwischt die Hose mit seinen Händen gerade noch, wie sie schon davon will. „Beim Zoigl war's nicht so schlimm", sagt er, „weil da sitzt man mehrer."

„Jaja, so lange man auf der Hosn sitzt, kann sie nicht abhauen." Friedrich zeigt, dass er mitdenkt.

„Aber jetzt dann, wenn wir gehen … da sollt sie halt schon … sitzen … die Hosn!" Irgendwie schauen jetzt alle etwas deppert. Nur der Wirt begreift. „Warten S', warten S' …", und schon ist er zur Tür hinaus, draußen von der Fletz her hört man ihn noch rufen, „ich hol Ihnen einen Kälberstrick!"

Mittlerweile sind die ersten Mitwanderer eingetroffen. Es hebt jetzt ein allgemeines Debattieren an über die Widrigkeiten des Lebens … warum nur muss eine Hose ohne Gürtel rutschen; sie könnt doch auch abzuheben anfangen und bis unter die Achselhöhlen hinaufschweben. Ich nutze die Gelegenheit, die etwas abseits stehende Wirtin mit einem Kopfnicken hin zu den beiden Herren in der Ecke zu fragen, „haben die hier auch übernachtet?". Jaja, erzählt mir die Wirtin, seltsame Vögel seien das aber schon, der eine, vermute sie, sei Russe, der andere Amerikaner. Und dauernd redeten sie von einer Demarkationslinie. Sie vermute, dass es vielleicht Landvermesser sein könnten, weil sie es gar so wichtig hätten mit ihren Karten. Dreimal hätten sie schon gefragt, ob sie hier auch wirklich in Bärnau seien und ob hier auch bestimmt die Goldenen Straße durchführe und wie weit die noch gehe im Westen, „ich hab gesagt bis Nürnberg", sagt die Wirtin. Und gleich hätten sie wieder das Streiten angefangen, der Russe habe gesagt, der Oberste Sowjet verlange, dass das Sulzbacher Land und das Birgland ebenfalls, und der Ami hätte gesagt, bis hierher und nicht weiter oder etwas ähnliches. Dann sei ihr Streiten rein unverständlich geworden, nur ein Wort habe aus diesem Tohuwabohu herausgestochen, die Naab … die Naab … die Naab!

Jetzt kommt der Wirt zurück. Mit einem Kälberstrick. Er bittet Harald aufzustehen. Der tut das auch und hält mit beiden Händen seine Hose fest. Ehrlich gesagt, ein bemitleidenswertes Bild, was er da abgibt. Ich kann mir nicht helfen, aber grad jetzt fällt mir ein, dass ich irgendwo einmal gelesen habe, dass man während der stalinistischen Schauprozesse in Russland, aber auch in Böhmen die perfide Methode angewendet habe, den Angeklagten vor der Gerichtsverhandlung Hosenträger und Gürtel abzunehmen, damit sie wie das letzte Häuflein Elend vor ihren Richtern dagestanden seien und sich die rutschenden Hosen festhalten hätten müssen. – Ich schau noch mal hinüber zu den beiden Herren. Feindselig blicken sie zu uns herüber. Die finden das alles überhaupt nicht zum Lachen, wie der Wirt Harald den Kälberstrick um den Bauch bindet und ihm auf die Schulter klopft: jetzt sei er ja wohl abmarschbereit. Und so ziehen wir aufgekratzt aus dem Wirtshaus „Zum Kalt'n" aus und machen uns auf den Weg, der wie selbstverständlich nach Westen führt. Mir gehen noch immer nicht diese zwei Männer aus dem Kopf. Ich glaub, die sehen wir noch mal wieder.

vor der wanderung

kalt der morgen
das wetter durchwachsen
schuhe und anorak
noch etwas feucht vom vortag
auf den gesichtern erwartung
und hoffnung
hoffnung, dass das wetter hält
und auch die ausdauer
über die waldberge
schieben sich dunkle wolken
wir klammern uns
an die blauen lücken dazwischen

Friedrich Brandl

Bergstutzig in Kaltenmühle

Bernhard Setzwein

Am Abend trafen wir dann in Plößberg ein, im „Schwarzen Adler", wo bereits Eugen Popin mit Frau Barbara auf uns wartete. Die beiden werden die nächsten Tage mit uns mitgehen. Eugen, nehme ich an, verstünde meine Angst vor den Landvermessern auf Anhieb. Schließlich wurde er 1951 in Tschakowa im rumänischen Banat geboren, hatte also das Pech, auf jener Seite dieser Weltentrennlinie, genannt Eiserner Vorhang, aufzuwachsen, wo es nichts Besonderes bedeutete, die Asche seiner politischen Feinde als Streusand für den Winterdienst herzunehmen. So ist es bei dem mit Todesstrafe endendem Schauprozess um Rudolf Slansky und seine – übrigens größtenteils jüdischen – Mitangeklagten 1952 in Prag tatsächlich passiert. Und in Rumänien, wo ab 1965 Nicolae Ceaușescu eines der groteskesten und widerlichsten Regime des ganzen Ostblocks führte, werden noch ganz andere Dinge passiert sein. Eugen erzählt uns das ein oder andere davon in den kommenden Tagen. Er selbst verließ das Land, sobald dies möglich war, also nach der Wende 1989. In Bukarest dauerte alles ein paar Wochen länger als in Temeswar, weil sich Ceaușescu mit seiner Frau Elena in völliger Paranoia bis zuletzt an die Macht krallte, er konnte einfach nicht glauben, dass man ihn, „das Genie aus den Karpaten", „den Titan der Titanen", „den Auserwählten", „den beliebtesten Sohn der Nation", alles Titel, die ihm treue Sänger, Pseudoschriftsteller, verliehen hatten, einfach an die Wand stellen und wie einen räudigen Hund niederknallen würde. Elena soll noch zu den Soldaten des Erschießungskommandos gesagt haben, aber sie sei doch auch deren „Mutter der Nation". Übrigens meint Eugen, dass das mit der Erschießung auch deshalb alles so schnell über die Bühne gegangen sei, weil es etliche Herrschaften gegeben habe, die hofften, dieses Königsopfer werde wenigstens ihren Kopf retten. „Und sie hatten ja auch recht", sagt Eugen und wischt mürrisch mit einem Handstreich das ganze Thema vom Tisch. Man spürt, er redet nicht gerne über diese fast 40 ersten Jahre seines Lebens, die ihm wahrscheinlich wie gestohlen vorkommen.

Reden wir lieber davon, dass wir jetzt Gott sei Dank wieder im Herzen Europas wohnen und jene Hauptschlagadern wieder pumpern hören, die jahrhundertelang den Waren- und Ideenaustausch zwischen Ost und West, West und Ost befördert haben. Wobei es, wie ich selber erst vor kurzem las und begriff, gar keine einzelne Hauptschlagader gab, sondern vielmehr ein Geflecht, ein Wegemyzel gewissermaßen. Auch das, was wir Goldene Straße nennen, war wahrscheinlich gar keine Einzeltrasse, sondern ein weitverzweigtes Routensystem, ein – an manchen Stellen bis zu 80 Kilometer breites – Trassenband! Dennoch scheint es eine „Urlinie" gegeben zu haben, wir werden in den folgenden Tagen noch mehrfach im Wald auf Hinweisschilder treffen, dass wir uns gerade auf der „Urlinie der Goldenen Straße" befinden.

Auch in Kaltenmühle legt man Wert darauf, an der „richtigen" Goldenen Straße zu liegen und keineswegs an der verbotenen. Familie Hubmann lädt uns zu einer Brotzeit ein. Das Anwesen war früher einmal eine Mühle. Jetzt ist in dem Gebäude ein Elektrobetrieb und die Werkstatt desselben ist schon hergerichtet für uns. Biergartengarnituren wurden aufgestellt, Brotzeitbrett'ln voller Presssackscheiben und Bauernseufzer aufgefahren. Frisches, herrliches Bauernbrot. Bier aus dem Flasch'l. Und zum Nachspülen einen Obstler.
Der 80-jährige Fritz Hubmann senior setzt sich zu uns. Der Sohn hat ihn aus der Wohnung herübergerufen, „gäih weida, Vata, komm amal her und derzöhl de Herrschaften a bissl was". Von früher. Vom Leben an der Goldenen Straße. Fritz Hubmann senior hat die Zeiten noch erlebt, da kaum jemand motorisiert war und nur die ganz reichen Bauern sich einen Bulldog leisten konnten. Und – das nur nebenbei erzählt – nicht alle, die sich einen leisten konnten, wussten auch mit ihm umzugehen. Gern wird die Geschichte von dem Oberpfälzer Bauern zum Besten gegeben, der sich den ersten Bulldog seines Lebens bestellte. Und beim feierlichen Nachhausefahren auf den Hof ist ihm das Trumm pfeilgrad den Wegranken hinunter in den Bach hineingefahren. „Brrr", hat der Bauer immer wieder geschrien, „brrr, du Herrgottsakra, bleibst du stehn?" Vom Hof aus wurde alles mitverfolgt, und der Knecht kam sogleich herbeigelaufen. Er wollte den Bauern unterm Bulldog herausziehen, der aber ließ sich partout nicht helfen, stieß die ausgestreckten Hände des Knechts zu-

rück. Nachdem er unter seiner Neuanschaffung hervorgekrochen war, ist der Bauer mürrisch Richtung Hof davongestapft, nicht ohne dem Knecht – mit Blick auf den Bulldog – anzuschaffen, „den kannst glei wieder zruckbringa, den Krüppl, der folgt ja net!"

Und so wird er halt wieder seine Ochsen eingespannt haben, der Bauer. Die haben aber auch ihre Mucken, solcherne Ochsen, brauchst nicht glauben. Und die Rösser erst. Belgische Riesen, schwere Kaltblüter, seien besonders beliebt gewesen, erzählt Fritz Hubmann. Aber die sind manchmal auch ihre eigenen Wege gegangen, genau wie der Bulldog. „Es Sach' lebt halt auch und hat seinen eigenen Willen", meint Fritz Hubmann. Bei den Rössern hat man das genau derkennt. Wenn das Gespann recht stark aufgeladen war und es ging an die Steigung heran, dann sinds einfach stehen geblieben, die Belgischen Riesen. „Na sans bergstutzig wordn", sagt Fritz Hubmann. Schon als Bub habe er dann mithelfen müssen. Die Fuhrleut' sind abgestiegen, vorgegangen zu den Gäulen, hätten am Zaumzeug gezerrt und wilde Flüche ausgestoßen, und er, der kleine Bub, hätt allein auf den Kutscherbock steigen müssen und mit der Peitsche den Belgischen Riesen ordentlich aufzünden müssen auf ihre Mordstrumm Rossärsche. Und wehe, die haben ihre Bergstutzigkeit aufgegeben und sind mit einem Hupferer wieder gehert worden, um nicht zu sagen rennert!

Fritz Hubmann: *Die größeren Bauern haben alle Pferde gehabt, Pferdegespanne. Da hat es fast keinen Bulldog gegeben ... Schlepper. Und des is überall gwesen. Ja, und da draußen, wo jetzt die Garage neu gebaut wird, da ist eine Schmiede gewesen, so a alte, kleine Schmiede. [...] Der alte Plana hat do no gelebt, der hat auch die Pferde beschlagen, solang er's noch gekonnt hat. Später, wie dann die Schlepper gekommen sind, die Bulldogs, naja, dann sind die Pferde wegkumma. Die größeren Bauern haben dann zuerst die Bulldogs und Schlepper gekauft. Naja, san die Pferde wegkumma. Jetzt gibt's ja wieder Pferde, aber Pferdegespanne ganz wenig. Und da die Berg nauf, da sind auch die Bräuer gefahren. Und zum Teil sind die Pferde auch bergstutzig gwest ... wenn a Berg kumma is, sans stehen blieben und ham nimmer gezogen!*

7. August

Von Plößberg nach Neustadt an der Waldnaab

über Püchersreuth: ca. 15 km

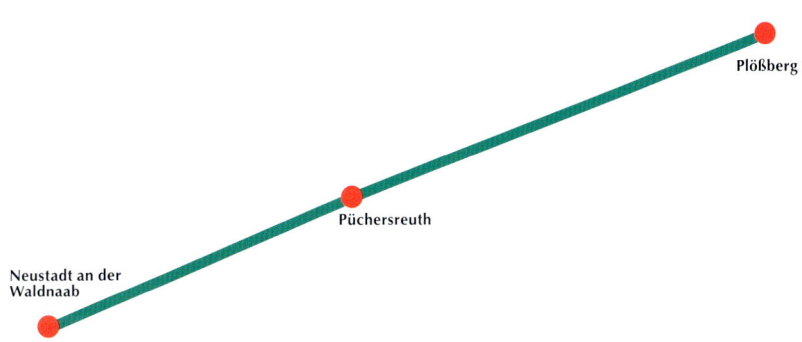

Von Plößberg aus *geht's nach Püchersreuth, ein Werktag in einem Sonntags-Ort,* *die Straßen sind sauber gekehrt, Blumenkästen und blühende Geranien, zwei Kirchen, Bäckerei, Metzgerei, ein Dorfbrunnen. Auch eine Schreinerei gibt es und einen Steinmetzbetrieb. Die meisten Bauern aber betreiben ihren Hof nur noch im Nebenerwerb.*
Über die Urroute der Goldenen Straße erreichen wir den 500 m hohen Rastenberg. Hier reißt die Wolkendecke auf. Wir haben einen erstaunlichen Ausblick und erkennen im Westen den Vulkankegel des Parkstein.
Neustadt an der Waldnaab oberhalb der Mündung des Flüsschens Floß in die Waldnaab. Das heutige Stadtbild wird bestimmt von Häusern aus dem 16. und 17. Jahrhundert. Im „Neuen Schloss" der Lobkowitzer Fürsten residiert heute der Landrat. Weltruf erlangte die Stadt mit der Kristallglasherstellung.

Der Waffenhammer

oder

Johann Eckstein im Räderwerk der Zeit

Harald Grill

> *„… vorbei an der Wallfahrtskirche Sankt Quirin und dem Dörfchen Ilsenbach.*
> *Biegen Sie nach weiteren fünf Kilometern links ab nach Wildenau.*
> *An der Kreuzung in Wildenau fahren Sie die Dorfstraße rechts den Berg hinunter.*
> *Folgen Sie ab hier der Beschilderung zum Waffenhammer.“*
> *(Faltblatt der Pension Waffenhammer)*

Die Sonne hat uns wieder – besser: wir sie. Als wir an einem Waffenhammerwerk vorbeikommen, stehen da im Hof Bänke und Stühle und Tische, die schauen so einschüchternd einladend aus, dass wir diesen gastlichen Hof einfach betreten müssen. Leben mit allen Sinnen, darum geht's uns doch bei dieser Wanderung. Also dann: die Zeit berühren, die Zeit begreifen. Die Zeit riechen und hören.

Johann Eckstein macht es uns leicht. Er hat mit Vera Eckstein unter dem Motto Hugo von Hoffmannsthals „Das ganze Leben ist ein ewiges Wiederanfangen" die Ferienpension WAFFENHAMMER eingerichtet. Wie heißt es im Prospekt: *In ungezwungener, gepflegter Landhausatmosphäre bietet Ihnen unsere Frühstückspension großzügige und neu ausgestattete Doppelzimmer mit Du/WC, Telefon, TV/SAT sowie eine Ferienwohnung für 4 Personen. Ein gehobenes Ambiente und der behutsame Umgang mit der Natur, heimatgeschichtliche Denkmalpflege und ein angenehmer Service kennzeichnen die Pension Waffenhammer. Mit vier modernen, umweltfreundlich ausgestatteten Gästezimmern und einem Appartement bleibt eine beschauliche Landhaus-Atmosphäre bewahrt, in der sich auch anspruchsvolle Individualisten wohl fühlen.* In Wirklichkeit ist der Waffenhammer eine frühindustrielle Anlage im Gewand einer Ferienpension. Johann Eckstein hat dieses alte Gebäude aus dem 18. Jahrhundert herübergeholt in die Gegenwart, es hereingeschoben in unser Blickfeld, eine unübersehbare Markierung auf der Zeitleiste. Ein Baudenkmal ähnlich wie drüben im Park bei Tachau die monströse, renovierte Reitschule. Ecksteins Hammerwerk ist archaischer, hat tiefere Wurzeln, mehr Kraft. Aber er ist kein reicher Mäzen oder Geschäftsmann, der sich das so einfach leisten kann. Auch die Unterstützung der Behörden hielt sich in allzu engen Grenzen. In seinem früheren Leben war er Fahrdienstleiter bei der Bundesbahn. Ende der 80er Jahre des letzten Jahrhunderts kaufte er das Gebäude als Ruine. Seit er im Ruhestand ist, arbeitet er Jahr um Jahr an diesem Projekt. Zwei-, dreimal drohte es ihn zu ruinieren. Trotzdem, heute ist er stolzer Besitzer der letzten funktionstüchtigen Waffenschmiede in der Oberpfalz.

Ohne Vergangenheit keine Zukunft! Das sagt sich so leicht. Doch schon beim Herumsitzen im Hof können wir es sinnlich erfassen, was das bedeutet: Zeit – und mehr noch: Zeit haben. Ohne dieses Erkennen lebt einer eh nur für den Augenblick, denkt hier hin und da hin, und alles Erlebte und Gedachte verfliegt …

Wir stehen am Bach. Er treibt seit Jahrhunderten die Zeit vor sich her. Hunderttausende solcher Bäche gibt es in Mitteleuropa. Mit ihnen verrinnt die Zeit, rinnt einfach den Bach hinunter und niemand hält sie auf. Aber der Bach hier, das ist ein besonderer Bach, der das Werk der Zahnräder der Weltuhr antreibt. Schau! Das ist es! So ist es! Welche Erkenntnis! Die Zeit ist kein Fluss, nur ein unscheinbares Rinnsal. Das treibt uns dauernd vor sich her, das treibt Getreidemühlen ebenso an wie Waffenhammerschmieden. Was die Zeit vermag: eine Mühle, die unsere Geschichten zu feinem Staub zermahlt. Staub bist du gewesen, Staub wirst du sein.
Das Rinnsal, unsere verbogene Zeitleiste, ist beim Gehen zu einer Zeitlinie geworden, die sich der Geschichte beugt und sie nicht geradebiegt, nicht so hinbiegt, wie's grad passt.
Kannst dir jetzt vorstellen, warum ich keine begradigten Bäche mag?
Da gibt es kein Verirren mehr und kein Versickern der Stunden. Da schießt das Wasser nach den Regengüssen hinunter und alles Lebendige tut sich schwer.

Wo sollte sich da noch einer festhalten können. Das heißt auf und davon, fort, immer nur fort.

Wenn Johann Eckstein von der Renovierung der Hammerschmiede erzählt, beginnen seine Augen zu leuchten und seine Stimme wird feierlich. Stunden, Tage, Jahre sind hier durchgerauscht und es fiel ihm manchmal schwer, den Überblick über einzelne Tage zu behalten. Die Zeit kann zwar ab und zu genutzt, aber doch nicht so ohne weiteres unter Kontrolle gehalten werden. Und doch ist es Johann Eckstein bis heute immer wieder gelungen, die Zeit anzuhalten, große Zeiträume zu gestalten und zu erhalten, Zeiten miteinander zu verbinden, Vergangenheit in die Gegenwart herüber zu retten. Beharrlich arbeitet er weiter daran, die eingerostete Vergangenheit in eine bewegliche, quicklebendige Gegenwart und diese, bedächtig voranschreitend, in Zukunft umzuwandeln.

Wir betreten das Haus und steigen die Stufen hinunter ins Kellergewölbe des Hammerwerks. Aber wir stehen nicht etwa in einem Museum mit Schautafeln. Ich habe eher das Gefühl, mich in einem Uhrwerk zu befinden. Zahnräder. Staub, Schmutz. Aus den Gelenkstellen der Maschinen dringt tiefschwarzes Schmierfett. Schau, das dicke Leder der Transmissionsriemen, riesige Hämmer über rostigen Ambossen, Zangen aller Größen.

Nach dem Zweiten Weltkrieg wurden Witze über russische Soldaten erzählt: Einer geht so: Ein Russe nimmt einem Deutschen die Uhr ab. Nach ein paar Tagen funktioniert die Uhr nicht mehr.
Er geht zu einem Uhrmacher und sagt: „Schau, Uhr kaputt!"
Der Uhrmacher öffnet den Deckel der Uhr, zupft mit der Pinzette ein winziges totes Insekt heraus und zeigt es dem Russen.
„Ah, verstehen", sagt der Russe: „Maschinist tot – Uhr kaputt!"

Ich suche einen Rahmen für meine Denk-Bilder, für meine Vorstellungen und Verknüpfungen: Johann Eckstein, der Bändiger, der Lenker, der Beherrscher, der Manager von Vergangenheit, Gegenwart und Zukunft. Wenn die Uhr vor- oder nachgeht, muss einer schauen, dass er das Uhrwerk neu einstellt. Es braucht jemanden, der die Zeiten kontrolliert. Das Maß muss stimmen, sonst verzieht es einem die Wahrnehmung – da lebt man dann auf einmal zu schnell oder zu langsam oder man bleibt stehen. Johann Eckstein redet nicht darüber, aber vielleicht will er mit der Ferienpension doch von der Hintergründigkeit seiner Tätigkeit rund um den Waffenhammer ablenken und sich den Rücken freihalten. Eine perfekte Tarnung. Andererseits versteckt er den Zeitstrom nicht und ebenso wenig die Gerätschaften und Maschinen, mit denen er ihn reguliert.

Johann Eckstein hat sich dieses Amt nicht ausgesucht. Ob ihn denn jemand berufen habe? Vielleicht ja, aber wer? Er weiß es nicht. Er wollte sich der Verantwortung nicht entziehen. Da ist man freilich immer wieder überfordert. Besonders die Behörden. Die geheimnisvolle Macht in den Büros, die Verwaltung, die das Gesicht von Aktendeckelrücken hat und der du nicht in die Augen schauen kannst, weil da bloß hohle Löcher sind, nur dazu vorgesehen, dass ein Finger in sie hineinfährt, um ihr verstaubtes papierenes Gehirn herauszuziehen. Sein Vater, erzählt er, habe ihm vor vielen Jahren von einem reisenden Landvermesser erzählt, und die Geschichte habe der auch wieder nur von seinem Vater erfahren. Dieser Landvermesser jedenfalls habe von höchster Stelle einen geheimen Auftrag gehabt. Vermutlich sollte er überprüfen, ob die Vermessung des Mittelpunktes von Europa bei Neualbenreuth, auf der Grenze zwischen Böhmen und Bayern in der Zeit Maria Theresias, vom wissenschaftlichen Standpunkt her haltbar sei.

Er reiste damals noch weiter nach Westen zum Kloster Speinshardt auf den Barbaraberg. Schon seit der slawischen Besiedlung ist überliefert, dass sich dort magische Linien kreuzen. Genau an diesem Kreuzungspunkt vermutet man eine alte Kultstätte. Heute steht an dieser Stelle die barocke Barbarakapelle. Daneben wurde vor einigen Jahren ein riesiges slawisches Gräberfeld entdeckt. Nicht alle Tage im Leben von Franz Kafka sind lückenlos dokumentiert. Es ist zu vermuten, dass er ab und zu seine Begleiter abgehängt und hier in der nördlichen Oberpfalz intensive Nachforschungen betrieben hat. Er hatte wohl Zugang zum Giftschrank der Bibliothek des Klosters Waldsassen und dort in einer Schrift, welche die Waffenschmieden Europas im 18. Jahrhundert verzeichnete, erste Hinweise auf diesen geheimnisvollen Ort bekommen. Der Staub der Zeit, den er danach hier ein paar Tage lang aufgewirbelt hat, wird ihm dabei bestimmt nicht gut getan haben. Auch der Briefwechsel, den er eine Zeitlang mit einem gewissen Marcel Proust unterhielt, ist spurlos verschwunden. Auf der Suche nach der verlorenen Zeit scheinen die beiden gescheitert zu sein. Zuletzt untersuchte Michael Ende diese Territorien aus der Ferne in seinem MOMO-Projekt. Er hat darüber einen ausführlichen Bericht verfasst, ohne zu wissen, dass Proust, Kafka und Canetti dieses Geheimherz der Zeit bereits hier im Zentrum Europas vermutet haben.

Johann Eckstein, wirft einen der Federhämmer an. Und auf einen Schlag beginne ich die Aufgabe dieses Mannes in ihrem ganzen Umfang, wenn nicht zu begreifen, so doch zu erahnen. Er ist der Mann an der Schaltstelle der mitteleuropäischen Zeitrechnung, der Mann im Räderwerk der Zeit. Es kommt mir vor, als befänden wir uns im geheimen Herzen Europas. Hier wird die Zeit vorangetrieben, ohne selbst zu altern, hier bekommt sie ihren Rhythmus, ihr Stampfen und Pochen. Blut, das durch die Adern gepumpt wird. Die Mühle, die Zahnräder, was für ein Mundwerk, ein gieriges, ein zähnefletschendes Maul. So bekommt die Zeit Zähne, so frisst sie sich hinaus aus dem Bach, nimmt Teil an unserem Leben. Wie viele Zähne hat das Jahr, das Jahrzehnt, das Jahrhundert? Wie viele Zähne hat die Woche, der Tag, die Stunde …
Die Farben rostrot, braun, staubig grau unter einem Schwall von lockerem Lichtgranulat, das zwischen den Leibungen der Kellerfenster von oben her hereinquillt. Johann Eckstein bedient einen Hebel. Und dann auf einmal der Lärm – nein, mit Herzschlag hat das nichts zu tun. Das ist kein dumpfes Pumpern. Es ist das Rattern und Knattern des Transmissionsriemens, das Flattern und Schlackern des Leders. Immer mehr Staub wird aufgewirbelt. Und dann, als brächen wir durch die Schallmauer, auf einen Schlag Ohren betäubender Lärm. Sich überschlagend. Mit großer Wucht auf den Amboss hämmernd, der Puls der Zeit, Schlag für Schlag wird die Menschheit vorangetrieben, Schläge, die die vielen Generationen während der vergangenen Jahrhunderte mehr und mehr tyrannisiert haben, Schläge, denen sich heute kaum noch jemand entziehen kann. Die Lautstärke will wohl sagen: Pratzen weg! Komm mir nicht in

die Quere! Ich baaz dich zu Brei, ich zermalm dich, zermahl dich zu Mehl, zu Staub. Ich schmiede Pflugscharen zu Schwertern. Wie will einer das begreifen? So wie glühende Werkstücke, Uhrzeiger wie Schwerter, mit einer großen Zange packst du sie und hältst sie fest. Und der Hammer schlägt zu, hart und unerbittlich gleichmäßig.

In der nördlichen Oberpfalz kursieren auch heute noch Geschichten über diesen geheimnisvollen Landvermesser. Niemand aber weiß Genaueres. Er soll von einem geheimen Auftrag gesprochen und sich ständig verfolgt gefühlt haben. Der Auftrag kam weder von einem Engel noch von einem Teufel und auch nicht von einer Behörde. Die meisten verlachten ihn damals und meinten, der Auftrag käme wohl eher aus seinem Kopf. Er selbst redete wenig. Er schwieg sich um Kopf und Kragen. Von einem Wahnsinnigen war die Rede. Daneben Sagen, die versuchten zu erklären, wie der arme Kerl wahnsinnig geworden ist. Geistergeschichten, die davon erzählten, was aus ihm geworden ist. Einige meinen sogar seine arme Seele müsse heute noch zu bestimmten Zeiten im Waffenhammer umgehen.

Beim Betreten dieses „Geheimherzens der Zeit" meine ich an der Wand gleich neben der Tür einen Spruch gelesen zu haben, schwarz gerahmt, in Postkartengröße, Tusche-Buchstaben, Schwabacher Schrift:

Die Zahl der Schritte kennen, die einem von Anfang an zugemessen war.
Die Zahl der Herzschläge und der Atemzüge.
Die Zahl der Bisse.   *(Elias Canetti)*

Ich hatte mir die drei Zeilen gemerkt. Aber jetzt, beim Hinausgehen, ist an ihrer Statt an der Wand nur noch ein postkartengroßer weißer Fleck zu sehen.

Wir haben dem Waffenhammer gerade den Rücken gekehrt, drehen uns auf dem Feldweg noch ab und zu um. Da ist er auch schon mit Johann Eckstein und dem von Erlen gesäumten Zeitrinnsal hinter den Reifenspuren und dem gutmütigen Wiesenbuckel verschwunden.

Aber im Kopf arbeiten die Eindrücke weiter. Schwere, mittelschwere und leichtere Träume wechseln einander scheinbar zusammenhanglos ab. Erinnerungsfilme flackern auf der Innenseite der Schädelwand. Die musikalischen Explosionen des Zoigl-Abends vermischen sich dabei mit den Schlaggeräuschen des Federhammers.

Eindrücke schieben sich übereinander. Zuerst Tagträume während des Gehens, dann, des Nachts, schlendern die Gedanken ohne Füße weiter, wechseln beliebig die Richtung, bleiben hier und da stehen. Und sie scheuen jede Steigung. Das kennen wir ja – wie Haflinger sind sie und man muss lernen, sie zu verstehen.

Am nächsten Tag verknüpfen sich während des Gehens die Traumbilder und die Erinnerungen an die Beobachtungen der vergangenen Tage. Ich bin mir nicht im Klaren darüber, ob dieses Gedankennetz Sicherheit verheißt oder ob es ein Fangnetz ist, ein Spinnennetz. Seit wir von Pilsen weggewandert sind, habe ich den Eindruck, dass ich an den Markierungen einer Zeitleiste entlang gehe. Ich bin ein Bewohner dieser Landschaft und zugleich einer, der sich langsam durch einen Zeit-Raum bewegt, einer, der versucht sich zu orientieren und die verschiedenen Zeichen, die er wahrnimmt, zu entziffern, zu einer Art Sprache zu verknüpfen und Informationen daraus zu lesen.

Wir wandern auf der Goldenen Straße im Spannungsfeld zweier astronomischer Uhren. Die erste, eine Monduhr, befindet sich in Nürnberg in der Liebfrauenkirche, die andere in Prag, im Altstädter Rathaus. Deren Konstrukteure haben versucht, unserem Weg einen Platz im Weltall zuzuweisen. Verfolgten wir ihre Absichten, lenken wir unseren Blick weit hinaus ins Allgemeine, was manchmal auf dasselbe hinausgeht, als würde unsere Aufmerksamkeit ins Beliebige oder gar ins Leere gelenkt. Darin müssen wir kleiner und kleiner werden, winzig, ja, mikroskopisch klein.

Im Waffenhammer-Uhrwerk von Johann Eckstein ist es anders. Was sonst an der Oberfläche mit Zeigern und Schaufiguren im Kreis herumläuft, Wanderer, Geschäftsreisende, Kinder, die Fangen spielen, Fußballer, die um einen Planeten kämpfen und ihm Tritte geben, bis er im Abseits landet. Also was sonst an der Oberfläche seine Kreise zieht, spielt hier im Kellergewölbe, im Maschinenraum des Waffenhammers kaum eine Rolle.

Ich denke zurück an die öden böhmischen Dörfer in der Grenzregion, das frühere Sperrgebiet der kommunistischen Tschechoslowakei, wo es auch heute noch weniger markierte Wanderwege gibt als anderswo.
Lücken. Immer wieder Zwischenräume, wo nichts ist, wo nichts zu sein scheint, und doch wird dadurch das sichtbar, was einmal war: ein altes Schulhaus mit der verwaschenen Aufschrift *VOLKSSCHULE*. Ach, schau, die ausgebleichte Skalierung. Ziffern verschwinden und die Zeitleiste wird wieder zur verschobenen, krummen Zeitlinie. Die Zahnräder der Geschichtsuhr sind abgenutzt. Ein Gebiss mit Lücken. Auch vielen Menschen, denen wir in Böhmen begegnet sind, fehlten die Zähne. Sie sind arm. Beim Grüßen kannst du es sehen. Und wenn sie lachen. Der Biss fehlt ihnen oft auch beim Denken. Zu viel Vergangenheit, die sie nicht einordnen und keiner Wirklichkeit und erst recht keiner Wahrheit zuordnen können. Sie scheinen auf der Stelle zu treten. Und doch tragen sie so wie wir Geschichten spazieren.
Worin bestehen die Unterschiede?
In der Art, wie sie ihre Geschichten verknüpfen und einordnen?
Verbunden sind wir ja eh – wir bewegen uns auf der gleichen verbogenen Zeitschiene. Aber wir berühren uns weder körperlich noch gedanklich …
Vielleicht berühren sich an manchen Stellen unsere Geschichten, ohne dass wir es bemerken. Einige Initiativen junger Leute beschäftigen sich inzwischen in der westböhmischen Grenzregion mit den verfallenen Denkmälern. Sie fotografieren, machen Bestandsaufnahme, Heimatforschung im besten Sinn und sie renovieren verfallene Gebäude, versuchen sich die Vergangenheit begehbar zu machen und sich Heimat zu schaffen, die den geografischen Raum verknüpft mit dem Zeitraum.

Johann Eckstein ist mir seit der gestrigen Begegnung zum Sinnbild geworden: Der Mann, der inmitten dieses Räderwerks des Weltgeschehens zwar nicht unbedingt nach dem Rechten sieht, aber es doch manchen Besuchern ermöglicht, Einblick und Übersicht zu bekommen in die Verschachtelung der Zeiträume wie der geografischen Räume, durch die unsere Wege führen. Und – auch das dürfte deutlich geworden sein – der Eckstein Hans ist keiner dieser toten Käfer wie der in dem Witz, der während des Zweiten Weltkriegs über russische Soldaten erzählt worden ist.

Johann Eckstein: *Ich wollt Ihnen damit bloß amal demonstrieren, wie die Leute Lärm und Ruß und Dreck ausgesetzt waren. Es gab ja weder Kopfhörer noch Handschuhe zum Arbeiten, noch Sicherheitsschuhe, noch irgendwelche Bedingungen. Auch vom Schlafen her, was ich Ihnen erklärt habe, die Unterkunft ... Es hat keinen Schmied gegeben, der mit vierzig noch etwas gehört hat. Des is net bloß, dass do zwei, drei Hämmer gelaufen sind, da vorn sind ja auch Schmied gewesen mit dem Schlagen ... da hinten war ein großer Schleifstein gewesen, den sie leider auch geklaut haben, wenn ich das so sagen darf. Ich hab wieder einen kleinen eingebaut, den ich antreib. Der große hat über zwei Meter gehabt. Weil, das Werkzeug, das fertig war, hat ja noch geschliffen werden müssen. Sie können nicht alles rausschmieden bis auf einen Millimeter. Und da ist also den ganzen Tag einer da hinten gehockt, mit einer Hebelwirkung, dass er einen Druck erzeugen hat können, hat den Werkgegenstand unter den Balken gelegt und hat den auf den Schleifstein gedrückt. Und des kleine rote Loch da, da ist das Wasser vom Bach hereingelaufen. Des is ihm also von früh bis abend über beide Hände gelaufen. Wie lang des ein Mensch machen kann, kann sich ein jeder ausdenken. Und der alte Dürnhofer, der noch lebt, der hat immer gesagt, du, ich hab kein Schmied kennt, der mit 50 Jahren noch zehn Finger gehabt hat, oder beide Augen gehabt hat, oder die zehn Zehen gehabt hat. Des, sagt er, sind alles Krüppel gewesen.*

Der erschöpfte Wanderer

wir gehen
weiter
langsam
bergauf –
der Himmel
küsst heimlich
die Lippen des Horizonts –
auf dem Gipfel
regnet es
wieder
mal wieder

trotzdem
wir gehen
weiter
langsam
bergab
wie die Schnecken
ohne
unser Haus
auf dem Rücken
zu spüren

wir gehen
und gehen
weiter –
unser Weg
schlängelt sich ruhig
zusammen mit dem Abendrot
den Fluss entlang

Eugen D. Popin

Plößberg – Weiden, August 2006

8. August

Von Neustadt an der Waldnaab nach Weiden

über Diepoldsreuth durch den Doost und über Welsenhof,
Wilchenreuth und Edeldorf: 12 km

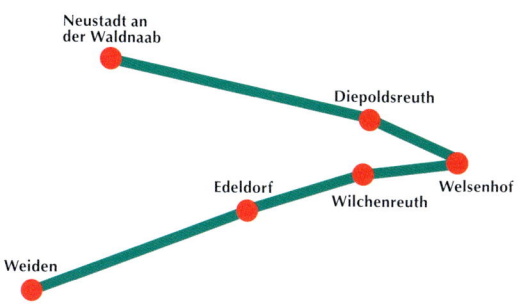

An Störnstein vorbei *geht es zunächst durch Diepoldsreuth, wo uns ein passio-
nierter Gartler erzählt, wie viel Mühe jedes Jahr mit den Wandermarkierungen
verbunden sei; er selbst arbeite seit mehr als zwanzig Jahren auf den Wegen rund
um den Ort. Und Kompliment, ohne Verzögerung gelangen wir auf einem gut
gekennzeichneten Weg zum Gollwitzerhof und einem Campingplatz mit Badewei-
her. Gleich daneben, am Fuße eines Hügels, beginnt das älteste Naturschutzgebiet
der Oberpfalz, der Doost. Granitblöcke mit einem Durchmesser von einem bis zu
fünf Metern sind über den Hügel verstreut, dazwischen und darunter ist der kleine
Girnitzbach meist unsichtbar, nur hören können wir ihn.*
*Oben am Hügel verlassen wir den Wald, durchqueren Welsenhof und gelangen
nach einer halben Stunde nach Wilchenreuth. Auch hier wieder zwei Kirchen –
besonders sehenswert die evangelische Ulrichskirche aus dem 12. Jahrhundert, die
einzige Kirche der Oberpfalz in rein romanischem Stil, deren Grundriss niemals
verändert wurde.*

Wir verlasssen das Dorf über eine leichte Steigung, an deren Endpunkt uns ein weitgefächertes Panorama erwartet.

Vor uns ein flaches Tal, das Weidener Becken, dahinter der Blick über den Truppenübungsplatz Grafenwöhr, zum Parkstein. Weiter in der Ferne der Rauhe Kulm, ebenfalls ein Vulkankegel. Gemütlich schlendern wir durch Edeldorf und dann auf Feldwegen, vorbei an Rinderweiden, hinunter in die Auwiesen der Waldnaab nach Weiden, in die mit 43 000 Einwohnern größte Stadt in der nördlichen Oberpfalz.

zwei bemooste findlinge

zwei die unter einer decke stecken
zwei die niemandem als sich selbst gehören

sommernächte wintertage
was zu tun war haben sie getan

das ende der messbaren zeit ist da
stille macht sich breit

stille die alles überdauert

Harald Grill

Im Doost

Harald Grill

In den Gesprächen unterwegs ist ab und zu davon die Rede, dass die Oberpfäl-zer wenig reden, dass sie nicht aus sich herausgehen. In Püchersreuth kommen wir im Vorbeigehen mir nichts, dir nichts mit Maria, Martha, Edith und ihrem Cousin Ludwig ins Gespräch. Wieder einmal ein Beleg, dass es nicht stimmt, dass die Oberpfälzer maulfaul sind. Zeit muss man ihnen lassen und Zeit muss man sich nehmen für sie. Und eine weitere Erkenntnis unterwegs: Die Ober-pfälzer Hunde bellen genauso schnell und so laut wie die tschechischen. Und was noch übersehen wird: Wer durch diesen Landstrich wandert, muss erst schauen, dann warten, dann was sagen, dann wieder warten und dann auch noch hinhören, wenn eine Antwort kommt.

Eine Tageswanderung vor Weiden holt uns der Regen wieder ein.
Ausgerechnet im Doost.
Der Doost: Ein Felsengarten an einen Waldhügel gelehnt, ein Bach in einem einzigartigen Felsengetümmel am Rande des Oberpfälzer Waldes.
Doost – was für eine Sprache! Das ist kein Tschechisch, das ist kein Deutsch …
Doost – schmiegt sich das Wort nicht an wie ein Kosewort?
Doost – diese schwermütige Zärtlichkeit.

Irgendwo hab ich gelesen, Doost hätte den gleichen Wortstamm wie „tosen".
Was für eine langweilige Vorstellung!
Wenn das oberpfälzische Waldland eine Seele hat, dann muss es der Doost sein.
Was soll das sonst sein, eine Seele?
Kann denn so eine Waldgegend eine Seele haben?
Was soll das überhaupt sein, eine Seele?
Etwas Leichtes, etwas Feingesponnenes?
Warum fällt es schwer, sich eine Seele aus Granit vorzustellen?
Ein Herz aus Stein, ja – aber eine granitene Seele?

In so einem eng umgrenzten Zeitraum wie unserem Leben ist sie wohl kaum denkbar. Aber je größer die Zeiträume, desto weicher werden die Konturen der Dinge ...

Doost – in dem Wort schwingt etwas Archaisches mit, weiter- und weitergegeben, von jenen, die vor uns geschaut und gefühlt haben. Aber wie sollten derartige Empfindungen Platz haben in einer Zeit, in der sich die Genforscher im Basteln passender Seelen für jedes Anwendungsgebiet üben?

Die Mitwanderer sind schon ein Stück voraus. Ein tiefer, stiller Raum umfängt mich mit einem Schimmer aus Grau und Dunkelgrün. Bergstutzigen Haflingern ähnlich machen sich die Felsbummeln am Fuße des Hügels breit. Bis zu den Bäuchen sind sie im Bach versunken und zeigen dem Wanderer ihre Hinterteile. Ab und zu, wo von oben her Licht einfällt: die silbrigen Fäden des Regens. Könnten auch Angelschnüre sein, Nylon-Fäden, die vom Himmel herunter hängen. Aber wo ist der Haken? Auch Kaltblüter haben Leidenschaft im Leib. Nur Zeit muss man ihnen lassen und Zeit muss man sich nehmen für sie.

Normalerweise würde man hier nur ein paar Felsen, ein ungeordnetes Durcheinander erkennen. Aber es rührt sich was – ist es in mir oder da vor mir im Wald? Bruchstücke fordern die Vervollständigung zum Ganzen heraus. Das habe ich zum ersten Mal in Rom erkannt bei der Betrachtung des Torso von Belvedere, dieser Skulptur, die von den Bilderstürmern fast zum Felsen zurückverwandelt worden ist.
Fast – denn er war immer noch ganz Körper, die muskulöse Rückenpartie und die Schultern leicht nach links gedreht – nur ohne Kopf, ohne Arme, ohne Beine. Betrachter ergänzten ihn im Gedankenspiel, Künstler studierten und vervollständigten ihn in Zeichnungen oder Standbildern als Denker, der grübelnd das Kinn auf eine Hand stützt, als Selbstmörder, der sich das Schwert in den Leib stößt, als König, der sich auf dem Thron sitzend mit seinen Reichsinsignien präsentiert. Schon Michelangelo verwendete ihn für seine Körperstudien.
Das Fragment als Reiz, als zwingender Impuls für die Ergänzung zum Ganzen.

Wie ärmlich wirkt daneben das medizinische Modell eines solchen Torsos. Im Biologieunterricht meiner Schulzeit holten wir manchmal so einen menschlichen Rumpf aus dem Lehrmittelraum. Bei dem waren Herz, Magen, Lungenflügel, Leber, alle Innereien zu sehen wie in einem Schaufenster, mehr noch jedes Körperteil hing nur an einem Häkchen und man konnte es herausnehmen, eines nach dem anderen, bis der Torso eine leere Hülle war. Genauso wie der Satz: Der Name Doost hat den gleichen Wortstamm wie „tosen".

So mag uns die Wissenschaft auch das Unterbewusstsein vorstellen. Aber ich weiß es, der wirkliche Traumraum schaut anders aus. Hier im Doost steh ich mitten drin. Hier treiben es die verdrängten Wünsche miteinander. Massiges Gestein im Dämmerlicht. Felsenpaare ineinander verkeilt. Sie scheinen zu leben, ja, sie bewegen sich. Schau! Immer wieder neue Bildausschnitte herangezoomt: Bronzegürtel aus Reisig. Locker hängt er über den Hüftknochen. Abgestreift, grünspanig der Brustpanzer, Moos, das die spärlichen Grashalme durchsetzt, darauf dezent Schmuckornamente, vom Regen niedergedrückt, die geschlossenen Distelblüten. Auf den Tabletts der unbedeckten Rücken wird die Lust serviert.

Eine kräftige Schulter gegen die Magengrube gestemmt. Ein Ziehen und Drücken, ein Balgen und Kräftemessen. Irgendwo knirscht es leise. Ausdauernd zusammengepresst die Knie, quetschen einander, schieben sich übereinander. Leib auf Leib. Aber sie reiben einander nicht warm, sie drücken einander auf den Boden. Sie nehmen einander in die Mangel. Sie reiben einander das Hemd vom Leib. Körnige feuchte Haut. Kratzen. Beißen. Zwicken. Schwarzbeerblut. Nasse, kaltgrüne Stauden, wuschliger Hinterkopf. Auf einmal eine Drehung, sichtbar wird der glitschige Schlund einer Achselhöhle, Ellbogen, gespannte Sehnen, eine Kniekehle, die sich öffnet, und die Ferse, sie schiebt das haarige Geflecht des Umhangs vom Schienbein her aufwärts, Äste knacken, die Ferse, schau, wie sie die Gewalt der Knie überwindet, schau doch, wie sie an den Schenkeln reibt – – –
Nackter Granit. Was für Hüften! Was für ein Hintern!

Eine Lücke.

Wie laut der fallenden Regen sein kann. Eine Lautstärke, die in die unterschiedlichsten Laute zerfällt. Kurzes Verschnaufen. Körper an Körper in der Umarmung aneinandergedrückt. Andeutungen verdrehter, einander liebkosender Unterarme. Als fände das Liebesspiel zum Liebesernst. Dieses kraftvolle Geschiebe, dieses Einander-Bedrängen im feuchten Regenbett. Immer neue Ausschnitte: ein Knöchel, ein Unterarm, der die Scham verdeckt, eine Grätsche tut sich auf, angefüllt mit rotgoldfauligem Laub. Unter dem schmalen Pfad irgendwo tief unter mir das Schlürfen und Lecken, mit spitzen Zungen, der Bach. Dazwischen im gezwieselten Leib: Smaragde, in einer flachen Lacke, die sich auflösenden Kräfte. So reiben sie einander die Kanten ab. Zwischen B und ACH reiben sie einander rund. Und zwischen S und UMPF reiben sie einander gutmütig. So schleifen sie sich klein. Ihre Kinder werden Kieselsteine sein.

Von irgendwoher am Ende der Nasenhöhle, dort wo sie in den Gaumen übergeht, der scharfe Geruch des Angriffs. Wer ist auf die Totentrompete getreten? Am Gaumenzäpfchen vermischt sich der Duft vom Schwammerl mit dem süßen Geschmack der Aufgabe, als löse sich morsches Holz auf zwischen den Pfefferminzblättern in der Mundhöhle. Und von fern, vielleicht von irgendwo aus dem Hinterkopf, eine Stimme, eine Redewendung, die mancher Oberpfälzer von den Großeltern her noch kennt: „S Wasser hot an kloan Kopf, des findt überall hi."

Ich schrecke jäh auf. Ein Blitz, ein Brennen, als hätte mich ein Pfeil in den Oberschenkel getroffen. Feuer loht auf. Ich denk noch: Drehung, Verrenkung – kann mir den Schmerz nicht erklären. Der will nicht aufhören. Ich öffne den Gürtel. Ist mir jetzt wurscht, ob jemand kommt. Ich reiß mir die Hose runter. Alles Pathos der Umgebung, die ganzen tonnenschweren Leiber schwinden, verschwinden hinter dem winzigkleinen Fleckchen geröteter Haut an meinem Oberschenkel. Und da ist auch schon der Übeltäter: Ein wasserscheuer Weps, der sich unter mein Hosenbein geflüchtet hat, als es zu regnen begann. Es nähern sich Wanderer. Die sind laut, man hört sie schon von weitem – schnell die Hose wieder rauf –, sie kommen nur langsam näher, watscheln auf ihren arschglatten Sohlen mühselig dahin und halten einander an den Händen fest! Die haben Glück. Die gleiten ab in ihre Wirklichkeit. Die spüren nichts von der archaischen Gewalt dieses Ortes. Ein unsichtbarer Schleier schützt sie vor dem Erkennen. So entstanden vor Jahrhunderten die Märchen. Man sprach von Feen und Erdgeistern, von Liebe und Gewalt, ohne zu wissen, wovon man sprach.

Steigt einer aus der dunklen Tiefe dieses Waldbettes, wird er viele riesige Findlinge im Waldboden versunken ruhen sehen. Ihr tonnenschweres Gewicht scheint ihnen den Ausdruck von Schwermut, aber auch von Gutmütigkeit zu verleihen.
Dort oben berührt nur noch selten einer den anderen. Hier, wo einem nach dem Aufstieg durchs Felsgetümmel der Halbschatten viel zu früh wie Helligkeit erscheint, haben sie gehörigen Abstand voneinander, ruhen in sich selbst, als wären sie erschöpft vom Ringen um Nähe.

Und manchmal wächst aus der Pfütze eines Nabels ein Fichtensprössling.
Nach Zärtlichkeiten scheinen hier bloß die Bäume zu heischen. Sie lehnen sich an, klammern sich fest, umgreifen mit den Wurzeln den Fels, als wollten sie ihn nie mehr freigeben, wachsen aber schnell über sich hinaus.
Ihr Sehnen nach Licht scheint stärker zu sein als das nach Wasser. Wer sehnt sich schon nach dem, was er hat und in dem er ja steht. Und was heißt schon langsam oder schnell, wenn man neben dem bemoosten runden Rücken so eines Felsbummels steht.

Droben in Wilchenreuth in der alten romanischen Ulrichskirche haben sie dem Granit Gesichter gegeben, Gefrieser von bösen Geistern. Auf einmal kommt mir die Wendung „eine Seele aus Granit" gar nicht mehr so abwegig vor.

Eine in sich geschlossene Welt, herübergerettet aus dem Mittelalter. Natur und Magie. Ängste und Hoffnungen, die weit zurückreichen in die Geschichten der vielen Einzelnen, die sich hier abgerackert haben, um zu überleben.

Unser Begleiter an diesem Tag: Hanns Wurm, der Direktor vom Oberviech-
tacher Gymnasium, dessen umfassendes Wissen einem unheimlich vorkommen muss. Er erläutert uns einige Details der 800 Jahre alten Basilika.

Im Vorraum der Ulrichskirche steht ein Plakatständer mit der Ankündigung
einer Filmvorführung. Ein Plakat, das in diesem „historischen" Baudenkmal
eine andere Dimension ins Spiel bringt: Der ewige Kampf derer „da unten",
die sich selber nicht gehören, gegen die „da oben", die sich mit ihrem Reichtum
oft genug auch die „da unten" einfach gekauft – gekauft und nimmer hergege-
ben haben. Eine Dimension, die der Vergangenheit die Gegenwart zurückgibt
und – die mit der Zukunft droht. Anlässlich der Weidener Filmgespräche wird
unter dem Motto „Zwanzig Jahre Tschernobyl – zwanzig Jahre Wackersdorf"
im Neue-Welt-Kino der Film „Spaltprozesse" gezeigt. Er erinnert an die Plä-
ne der Bayerischen Staatsregierung, in den 80er Jahren des vorigen Jahrhunderts gegen den Willen der Mehrheit der Bevölkerung in Wackersdorf, nah bei
Schwandorf, eine atomare Wiederaufbereitungsanlage zu errichten – Luftlinie etwa zwei Tagesmärsche von hier. Die staatstragende Partei, die sich als
konservativ bezeichnete, fühlte sich der Tradition der Waffenhammeranlagen
verpflichtet. Ein Waffenhammer ganz anderer Dimension – atomwaffentaug-
liches Plutonium hätte produziert werden sollen. Die Halbwertszeit des tödlich
giftigen Plutoniums beträgt 20 000 Jahre. Die bekommt kein Erinnerungs-
Maschinist mehr auf die Reihe …

Das Plakat kündigt die Filmvorführung für den 31. Mai 2006 an.

Wir schreiben bereits den 8. August. Zum Film kommen wir zu spät.

Ein wichtiger Unterstützer des Widerstandes gegen die Obrigkeit ist damals
auch Andreas Schlagenhaufer gewesen, der Pfarrer der Gemeinde Kohlberg an
der Goldenen Straße. In zwei Tagen werden wir ihn vielleicht dort treffen.

Wir könnten dem anhaltenden, heftigen Regen wohl kaum zwei Tage standhal-
ten. Gottseidank finden wir Unterschlupf in einer Wirtschaft. Ein Schild an der
Tür warnt uns einzutreten: Heute Ruhetag! Doch die Wirtin erbarmt sich der
aufgeweichten Gestalten mit einer stattlichen Brotzeit.

Entspannung. Zurückdenken, vorausschauen. Der Erinnerungs-Maschinist
staut den Zeitbach höher und noch ein Stück höher und lässt ihn rückwärts auf

das Mühlrad meiner Kopfmühle fließen. Er dreht die Zeit zurück und hilft mir beim Einordnen.

Liegt es am Unterwegssein? Der Zeitbach führt viel mehr Wasser als sonst in diesen Tagen. Zeitungen berichten, in Böhmen seien die Bäche und kleinen Flussläufe zu reißenden Strömen geworden, die Uferbefestigungen, Tiere und Menschen mitsamt ihren Erinnerungen mitgerissen haben.

Schwere und auf den ersten Blick unzusammenhängende Träume. Ich versuche weiter an meinen Gedankennetzen zu knüpfen, engmaschiger sollen sie werden, damit sie das Hirn auch in der Dunkelheit zusammenhalten können.

Auch durch die Nachrichten drängt Wasser in den Kopf – aber anders als in den Monaten vor der Wanderung wird der Blick nun viel mehr Richtung Osten fokussiert.

Klein wie Kirchenmäuse in Wilchenreuth

Bernhard Setzwein

Gemessenen Schrittes ziehen wir die Gemeindestraße nach Wilchenreuth hinauf. Am Berg kommen uns kleine Bächlein den Straßenasphalt herunter entgegengeronnen. Es regnet seit Stunden. Im Tross unserer Mitwanderer geben einige Schuhe unmissverständliche Laute von sich. Nicht alle sind so gut ausgerüstet wie wir. Es hört sich an wie „Quatsch, Quatsch, Quatsch". Es wird damit doch wohl nicht unser ganzes schönes Projekt gemeint sein, Dreiautorenunterwegs.

„Das sogenannte schöne Wetter der Stadtleute", trompetet einer unser Mitwanderer, seltsamer Kauz, mit „von der Wense" stellte er sich gestern vor, hinaus, „ist bar jeden Reizes und geistigen Anspruches. Egoistenwetter! Außerdem haben diese armen Tröpfe eines anscheinend noch nie erfahren: dass gleichmäßiger Regen, wenn man nur mit und neben ihm wandert, der beste Freund werden kann."

Lass ihn reden, diesen Verrückten, denken sich die anderen. Unser Sinnen kennt nur noch ein Ziel. Eine Einkehr in Wilchenreuth.

Wir sind die einzigen in der Wirtsstube. Heute ist ja auch ein ganz normaler Werktag. Die Zeiten, wo Handwerker und Handelsreisende zur Mittagszeit in Wirtsstuben saßen, sind anscheinend vorbei. Heute halten ja selbst Schwerstarbeiter Diät, und Milchschnitten genügen ihnen für den kleinen Hunger zwischendurch. Nicht so wir! Unsere Wandergesellschaft lässt sich Brotzeit- und Schlachtplatten auftragen, nur Eugen Popin ist damit beschäftigt, einen kompletten Kleiderwechsel vorzunehmen, einschließlich Strümpfe und Schuhe, unablässig hören wir ihn leise vor sich hinschimpfen, „alles nass, bis auf die Haut nass, das muss man sich mal vorstellen, kein Fetzchen Stoff mehr, das nicht durchnässt wäre, unglaublich". Harald, Friedrich und ich essen ungefähr unser achtes Wiener Schnitzel in fünf Tagen. Es handelt sich nämlich um eine Wienerschnitzeltestreihe, die wir da durchführen. Das weiß nur niemand. Tja, unsere Reise dient eben vielfältigen Zwecken. Wenn alles schief geht, geben wir einfach einen „Schnitzelführer entlang der Goldenen Straße" heraus. Wie Sommeliers schmecken wir dem Abgang des panierten Stück Fleisches nach. „Eine Idee zu friteusig", meine ich. Aber dennoch: Das Schnitzel von Wilchenreuth belegt eindeutig einen der vorderen Plätze. Außerdem gefällt uns die Wirtschaft einfach gut. Das ist noch eine Dorfwirtschaft, wie man sie ja kaum mehr findet. Eine dralle Wirtin, die kein Wort zu viel sagt. An den Wänden Vitrinen mit kleinen Silberpokalen und dem hinter einen Glasrahmen gesteckten Schafkopfblatt, mit dem am Soundsovielten ein Wenz gewonnen wurde. Draußen auf dem Abort dieser typische Landgasthausgeruch, eine Mischung aus Kuhstall und Bulldogdiesel. Hier, wie gesagt, gefällt es uns. Spontan entschließen wir uns, der Schnitzel- auch noch eine Biertestreihe hinzuzufügen: Wir probieren aus, ob das vierte Bier wirklich genau wie das dritte schmeckt. Natürlich tut es das nicht! Wissen haben wir es aber trotzdem wollen. Wir opfern uns, wo es nur geht, im Dienste der Wissenschaft. – Warum hab ich jetzt einen Schluckauf?

Wissenschaftlich geht es auch weiter, nachdem wir die Gastwirtschaft wieder verlassen haben. Hanns Wurm führt uns nämlich zu einer Perle der sakralen Kunst- und Kulturwissenschaft, die sich hier in Wilchenreuth ganz unauffällig und verschämt zwischen den Bauernhäuser versteckt: St. Ulrich, eine der ältesten Kirchen der Oberpfalz. Wer einmal einen ungefähren Eindruck davon haben will, wie das war, vor 800, 900 Jahren, zu Beginn der Rodungs- und Siedlungstätigkeit im Oberpfälzer Raum, der sollte nach Wilchenreuth kommen! Da findet er dann einen kleinen gedrungenen Bau, gemauert aus unverputzten, aber sorgfältig behauenen Quadersteinen, eine Mischung aus Fliehburg und Sakralraum. Logisch: Die wenigen Siedler, die vorhatten, sich hier niederzulassen, die mussten rationell vorgehen: ein Bau für alles. Der bediente die religiösmetaphysischen Bedürfnisse genauso wie die schlicht überlebensnotwendigen: Wenn da welche kommen sollten, die mit ihren Äxten offensichtlich anderes vorhatten, als Bäume zu roden, dann konnte man sich hier wunderbar verbarrikadieren. Die Fensteröffnungen – man sieht eine solche noch über dem Nordportal – glichen mit ihren schmalen Rundbogenschlitzen eher Schießscharten als Lichteinlässen.

Im Kircheninnenraum fällt einem sofort die im Osten liegenden Apsis auf. Unter deren Übertünchung entdeckte man 1903 Wandmalereien, die sich nach Freilegung und Restaurierung als einzigartig schöne romanische Freskenmalereien herausstellten, Jesus den Weltenrichter im Erdkreis darstellend, umgeben von Mensch, Löwe, Stier und Adler, den Symbolfiguren der vier Evangelisten Matthäus, Markus, Lukas und Johannes. Darunter ein umlaufender Fries, der die Heilsgeschichte von der Verkündigung bis zur Kreuzigung erzählt – als wortlose Bildgeschichte, gewissermaßen ein religiöser Comic-Strip des Mittelalters, in Rötelfarbe. Den verstand jeder. Und an den konnte man seine Angst delegieren, wenn man hier eingeschlossen saß und draußen der Feind um die Mauern heulte. – Klein wie Kirchenmäuse werden wir angesichts dieses jahrhundertealten Steinzeugen, wortlos schleichen wir nach draußen, und eine Viertelstunde lang ist einmal Ruhe in unserem ansonsten schnatternd durch die Flure ziehenden Hühnerhaufen, keine Debatten, keine Monologe, keine Referate, Andacht und Stille, sonst nichts.

Hanns Wurm: ... *dass des so a weite Talebene is, in der sich der Hauptfluss der Oberpfalz in Nord-Süd-Richtung erstreckt, und dass die Taldurchschreitung an Furten mit besonderen Weidemöglichkeiten – gleich ob man des jetzt von der Viehweide oder dem Weidenbaum her, der ja an diese Nässe und Tallage gebunden ist, sieht – dass bei der herrschaftlichen Erschließung solcher Räume, und des is ja a ziemlich weiter Raum, den man da für sich beherrschen kann, dass da natürlich Kirchen und entsprechende Befestigungsanlagen gleichzeitig notwendig sind. Und des da drüben, dieses Neukirchen mit diesen romanischen Kirchen St. Denis – Dionysius deutsch – ist so ein Punkt, der auf eine romanische Besiedlung wahrscheinlich zu Zeiten der späten Karoliner schließen lässt, genauso wie Perschen-Nabburg so eine Urpfarrei hat, und ich glaub, da kann man eben auch sehen, dass Mission und Identität und Herrschaft so nah beieinanderliegen, dass man nicht in einem modernen ideologiekritischen Sinn des auseinanderdividieren kann, net. Des war für die Leut halt eine Form der in Besitznahme. Und übrigens zu der Zeit haben ja die meisten Tallagen bereits eine slawische Vorbesiedlung gehabt. Und möglicherweise davor auch noch keltische. [...] Da sieht man auch, wie weiträumig des is, und wie punktgenau die damals gewusst haben, wo man sich in die Mitte setzt und den richtigen Hügel nimmt, um diese Dominanzwirkung zu erreichen.*

Naabtal, windiger Tag

Grüne Morgensterne
faulen im Grund der Allee.
Halbreife Frucht, im Fluge verfrüht.
Feuchter Kastaniensommer.

Sturmgespräche in großen Kronen.
Die Auskunft des Knechtes
wischt der Wind
ins Nichtgesagte.

Fabrik: Porzellan, gestapelt
an staubigen Fenstern.
Im schmalen Bette
fröstelt der Fluß.

Hinter Gebüsch: argwöhnisches Liebespaar.
Feldhasenfrieden.
Marderleichtsinn gescheitert.

Brauner Zwerg bei fülligen Rindern.
Radfahrer, heimkehrend, kämpft gegen den Wind.
Der Nonne Trauermantel flattert wild.

Franz Joachim Behnisch

9. August

Von Weiden nach Kohlberg

über Ermersricht, Etzenricht, am Oichlboch entlang: ca. 18 km

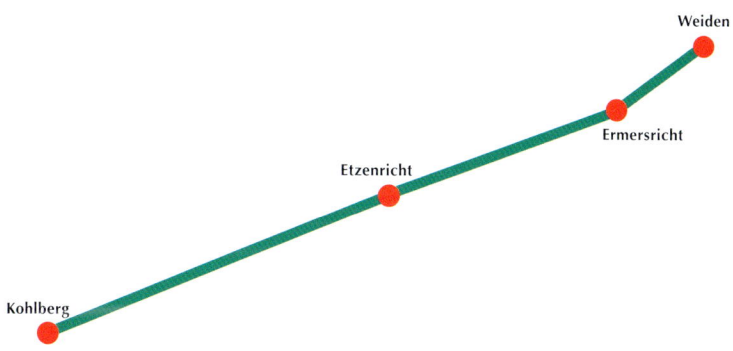

Mit unserer Wandererausrüstung *und den festen Stiefeln kommen wir uns ein wenig fremd vor im Foyer des Hotels Admira. Wir drei Autoren nehmen Abschied von Eugen Popin und seiner Frau und begeben uns zum Alten Rathaus von Weiden. Dort werden wir vom Zweiten Bürgermeister der Stadt durch die Fußgängerzone begleitet.*

Am Stadtrand finden wir die Markierung der „Goldenen Straße" und wandern nach Ermersricht. Von dort schauen wir zurück „in die Weiden". Breit hat sich die Stadt im Tal der Waldnaab gemacht. Im Osten sieht man die Berge des Oberpfälzer Waldes. Vor uns im Westen liegen die Vulkanstümpfe Parkstein und Rauher Kulm. Gegen Mittag erreichen wir die Ortschaft Etzenricht. Am Oichlboch entlang führt der Weg uns dann durch Preiselbeer- und Schwarzbeerwälder nach Kohlberg. In unserem Quartier erleben wir eine Überraschung. Eine Abordnung des Pfarrgemeinderates heißt uns mit einer Flasche Messwein willkommen.

gedanken

lautlos
treiben die
gedanken im fluss
drehn sich manchmal im
kreise

schnellen
über kiesel
hinweg und springen
an sandiges ufer doch
dort

verwischt
sie die
nächste welle und
du findest keine spuren
mehr

Friedrich Brandl

Begegnungen

Friedrich Brandl

Unsere Wanderung „die Wege von gestern heute neu begehen"
von Pilsen nach Amberg dauerte insgesamt zwei Wochen.
Losgegangen sind wir am 1. August 2006
entlang der Mies bis zur Grenze nach Bayern.
Auch ein Stück Jakobsweg.
Über Kladruby, Tachov hinauf auf die Oberpfälzer Waldberge.
Hinunter in die Weiden.
Auf der Goldenen Straße bis nach Sulzbach-Rosenberg.
Angekommen sind wir am 13. August in Amberg.
Angekommen mit einem dreizehn Kilo schweren Rucksack
und mit vielen Fundstücken.

Seit dieser Ankunft bin ich noch immer unterwegs.
Unterwegs in den Orten entlang dieses Weges,
in den Wäldern und Flusstälern.
Zahlreiche Begegnungen tauchen immer wieder auf.

Hinauf zum Grenzkamm zwischen Bayern und Böhmen bei Bärnau
begleiten uns Freunde aus der Oberpfalz.
Auch eine junge Frau aus der Republik Mongolei ist mit dabei.
Sie wandert zusammen mit ihrem Freund
eine Tagesetappe mit.
Mir fallen Karel Klostermanns „Böhmerwaldskizzen" ein.
Er, der sich seinen Lesern als Begleiter auf einer Wanderung
durch die Heimat vorstellt.
Und die Wege durch den böhmischen Wald auf der Ostseite von Rachel und
Lusen,
worin unterscheiden sie sich denn vom Weg von Branka

hinauf nach Hermannsreuth?
Bei meinem nächsten Aufenthalt in Pilsen – so nehme ich mir vor –
werde ich Klostermanns Grab auf dem dortigen Friedhof besuchen.

Josef Hrubý ist wieder da.
Mit seiner etwas heiseren, melancholischen Stimme liest er
aus dem Gedichtband „Den Kopf voll Safran":
„Ein graues Gedicht kann man nicht schreiben
das grüne schreibe dir ab
ein schwarzes Gedicht: lieber nicht denken".

Auf dem ehrwürdigen Friedhof von Staré Sedliště
erzählt Vašek – Dr. Václav Maidl – aus Prag
vom Pflanzen der Linden in Böhmen:
„1938 pflanzte man Linden zur 20-jährigen Staatsgründung.
Sie wurden während Hitlers Okkupation von den Deutschen gefällt.
1968 pflanzte man wieder Linden.
Ein Zeichen des Frühlings sollten sie sein.
Die Sowjets haben diese abgeholzt.
Das Jahr 1989 war Anlass genug
erneut Linden zu pflanzen.
Diese hoffen auf Bestand."

Allein stehe ich auf dem Weideweg,
der den Wald von Branka herauf von der Grenze trennt.
Mit Wehmut blicke ich zurück nach Böhmen.
Mit welchen Gedanken und Gefühlen hat wohl
Jan Hus im Oktober 1414 diese Landschaft durchquert?
Haben ihn Zweifel geplagt,
ob seine Entscheidung zum Konzil nach Konstanz zu gehen
richtig war?
In Bärnau, in Weiden, in Sulzbach jedenfalls

wurde er freundlich empfangen.
Wahrscheinlich hat er sich deshalb in Sicherheit gewiegt.
Vielleicht auch zu sehr auf das Versprechen des deutschen Kaisers
auf freies Geleit vertraut?
Wurde ihm in Bärnau als Willkommensgruß
auch Wein, Brot und Salz gereicht
so wie uns Autoren vom Bürgermeister
an jenem Samstag im August?

Abends dann eine andere Begegnung in der „Alten Post" am Marktplatz.
Beim Zoigl-Bier spielen Adam – die Postbotin und ihr Begleiter
mit Knopfharmonika – wie könnte es auch in Bärnau anders sein – und
Teufelsgeige
vom „Zwiefachen" bis zu „Smoke on the Water"
alles, was das Publikum im Saal begehrt.
Und es begehrt viel.
Der Geisterreiter mit seinem „Yippiaiay, yippiaho"
dröhnt sogar am nächsten Tag noch in den Köpfen
oder ist es doch das Zoigl-Bier?
Kurz hinter Bärnau in der Kaltenmühle
erzählt der 80-jährige Fritz Hubmann
in der zur Brotzeitstube umfunktionierten Werkstatt
von Ochsenkarren, Fuhrwerken und bergstutzigen Gäulen.
Die Nachwirkungen des Zoigl und die schweren Rucksäcke lassen begreifen,
wenn Pferde angesichts eines steilen Berges
diesen verweigern wie ein Hindernis
also bergstutzig sind.

Der Weg führt weiter entlang der alten Handelsstraße.
Aber manchmal weichen wir ab,
suchen die verborgenen Schätze an den Wegrändern.
Wildenau, Waffenhammer, Püchersreuth,
der Barockgarten in Neustadt an der Waldnaab.

Abends in der „Deutschen Eiche" diskutieren wir
mit Eugen Popin, dem Schriftsteller aus Rumänien,
über Umsturzkirchenkrieggerechtigkeit und Idealismus.
Und die kleinen Umwege sind die Besonderheiten dieser Wanderung.
Sie schließen Unbekanntes auf und bringen Überraschungen.
Der Doost ist so ein Umweg, der sich lohnt.
Wieder einmal hat uns Hanns Wurm gefunden.
Er erweist sich hier als sachkundiger Führer.
Mit ihm besichtigen wir die alte evangelische Kirche in Wilchenreuth
mit ihren herrlichen romanischen Fresken.

Es hat aufgehört zu regnen.
Der Blick weitet sich, als wir in die Weiden hinabsteigen.
Die Wolkenschwaden geben Parkstein und Rauhen Kulm frei.
„In die Oberpfalz: immer wieder bin ich hierher gekommen,
in die schönste Gegend der Welt.
Ja, sie ist die schönste Gegend der Welt.
Das ist meine Überzeugung.
Nirgends habe ich eine gefunden,
die mir besser gefällt und die besser zu mir passt."
Walter Höllerer, der Literaturprofessor aus Sulzbach-Rosenberg,
hat diese Sätze in seiner Weidener Rede
„vom Mittelpunkt am Rand" ausgesprochen.
Langsam vermischen sich die Worte mit Orgelmusik.
Aus der Kirche St. Josef in Weiden erklingen
„Fantasie und Fuge in c-moll" von Max Reger,
dem großen Sohn dieser Stadt.
Fast alle seine Orgelwerke hat er hier zwischen 1898 und 1901 komponiert.
Die Melodie trägt die Gedanken hinüber zum Alten Rathaus
und zum dortigen Kulturamtsleiter Bernhard M. Baron.
Die Weidener Literaturtage gehen auf ihn zurück
und sind seit mehr als zwanzig Jahren
Treffpunkt bekannter und noch nicht so bekannter Autorinnen und Autoren.

Da sitzen im Straßencafé am Unteren Markt
Margret Hölle und Eugen Oker,
Walter Höllerer und Josef Hrubý,
Werner Fritsch und Bernhard Setzwein,
Barbara Krohn und Harald Grill.
Leise setze ich mich dazu.

„Niemand kann mir nachweisen,
dass Sulzbach-Rosenberg nicht
der Mittelpunkt der Welt ist".
So lautet der Anfang von Walter Höllerers „Subjektives Gedicht".
Natürlich ist die Sichtweise subjektiv.
Aber er begründet seine Methode des Betrachtens
und sie klingt logisch.
Hauptstadt Neuböhmens,
Stahlmetropole,
literarischer Nabel der Welt,
so wird Sulzbach-Rosenberg manchmal genannt.
Hier hat Walter Höllerer im ehemaligen Amtsgericht das Literaturarchiv
gegründet.
Hier hat Günter Grass sein erstes literarisches „Amts-Gericht" gekocht.
Hier finden seit 1977 viele literarischen Begegnungen statt.
Aber auch Ausstellungen,
so wie 1985 die von Michael Mathias Prechtl.
Der in Amberg geborene Künstler
hatte mit seinen Illustrationen und Plakaten
Weltruhm erworben,
aber auch für manchen Skandal gesorgt.
Es hat lange gedauert,
bis auch Amberg sich seines berühmten Sohnes erinnerte.
Jetzt nach seinem Tod im Jahr 2003
gibt es sogar im Museum der Stadt
ein eigenes „Prechtl-Kabinett".

Über den Eichelberg südlich der Maxhütte
wandern wir auf unserer letzten Etappe
auf dem Höhenzug zwischen Oberpfälzer Jura und Hahnbacher Becken
nach Amberg.
Beim Erreichen des Stadtrandes unterhalb des Erzberges
fällt mir ein Spruch von Eugen Oker ein.
Er, der Oberpfälzer Dichter,
der ja in Amberg zur Schule gegangen war
und den wir im Frühjahr 2006 in Kallmünz zu Grabe getragen haben:
„Wensd/ niad fuaddgäist
halzdas/ dahoim/ niat lang as"

Guglhupferla vom Jaklbäck

Bernhard Setzwein

Sicher war es gut gemeint von den Weidenern, dass sie uns ausgerechnet im noblen Hotel Admira mit dem vielen Glas und den Ledercouchgarnituren im Eingangsbereich einquartiert haben. Nur fühlen wir uns schlicht deplatziert unter all den schicken Geschäftsleuten mit ihren Anzügen und Aktenkoffern. Vielleicht wollte man uns aber auch einfach nur durch die Blume sagen: Ihr lieben drei Wandervögel in eurem wenig taugenden Eichendorff-Aufzug, schaut euch mal um, das hier nämlich wäre die wirkliche Männer- und Geschäftswelt, so sieht man aus und so benimmt man sich, wenn man von Welt ist. Aber ihr seid ja nur von der Straße.

Ja, sind wir. Geben wir zu. Und wir schauen auch, dass wir schleunigst wieder dorthin zurückkehren. Hier gefällt es uns nämlich nicht. Im Gasthof „Zum Kalt'n" in Bärnau, das muss jetzt mal gesagt sein, fühlten wir uns entschieden heimischer. Aber hier! Hier versteht man uns ja nicht einmal. Auch an der Rezeption, wo Friedrich das Auschecken übernimmt, versteht man ihn nicht, weil er klein und verschüchtert in breitem Oberpfälzisch um die Rechnung bittet … nein, eigentlich bittet er in schmalem Oberpfälzisch darum, schmal, leise und dünnlippig. Das Fräulein, das eben noch mit Japanern auf englisch verhandelt hat, schaut ihn entgeistert an. Vielleicht hätte Friedrich seinen Trapperhut abnehmen sollen, mit dem er jetzt schon den achten Tag die Leute erschreckt. Sogar die Glastür am Ausgang weicht in Panik vor uns zur Seite, als wir auf sie zugehen. So war Weiden!

Nein, ehrlichkeitshalber muss gesagt werden: Weiden war schon o.k. Nur dieses Hotel Admira, das ist irgendwie von einem anderen Stern. Beziehungsweise die Leute da drin. Vielleicht ist es aber auch so, dass das bereits das neue, das zukünftige, das reale Weiden ist, und wovon uns der Zweite Bürgermeister Höher bei der Verabschiedung vorm Rathaus erzählte, das ist das alte, uns vielleicht liebere, aber doch schon weitgehend untergegangene Weiden. Er sagte: Weiden sei, anders zum Beispiel als Amberg, fast eine böhmische Stadt.

Wie er das meine, fragte ich zurück. Na, die vielen Böhmen, die sich hier nach dem Krieg niedergelassen hätten, die hätten für die Stadt etwas Quirliges, Lebendiges gebracht, Improvisationstalent und Flexibilität. Und außerdem sei Weiden schon immer ein großer Umschlagplatz gewesen, gegründet auf der Kreuzung zwischen Magdeburger Straße und Goldener Straße. – Magdeburger Straße? Ja, noch so eine Altstraße. Wie die Bernsteinstraße auch, die die Ostsee mit der Adria verband. Wir werden ihr heute noch begegnen, erklärt einer der ortskundigen Mitwanderer, die sich uns vor dem Rathaus in Weiden anschließen. Und zwar in Kohlberg. Wenn wir jetzt endlich einmal soweit wären aufzubrechen.

Aber natürlich! Freilich! Aufbruch. Und schon geht es hinaus aus Weiden. Unter der Eisenbahnlinie hindurch. Heute begleiten uns zwei Buchhändlerinnen der Firma Rupprecht, bei der wir gestern schon so fürsorglich Asyl fanden während unserer Lesung in der Weidener Filiale. Ein durchwegs sehr nettes, sehr junges Mitarbeiterinnen-Team, das Maria Rupprecht da aufgebaut hat, auch die jetzt neben mir gehende Irmgard Weig, Filialleiterin in Amberg, dürfte noch keine dreißig sein, schätze ich. Und mit welcher Begeisterung sie von Büchern redet, von Autoren, die sie in Amberg schon zu Lesungen eingeladen hatte. Autoren hören ja nichts stirnrunzelnder, als wenn Buchhändlerinnen andere Autoren loben. Aber der Irmgard Weig sehen wir alles nach, noch dazu weil sie unterwegs, irgendwo im Etzenrichter Forst bei einer Rast, ihren Rucksack aufschnürt und für uns süße „Guglhupferla" hervorzaubert, die sie extrig heut früh noch beim Jaklbäck in Waldthurn gekauft hat, und so wie sie das sagt, „da Jaklbäck von Waldthurn", und so wie das schmeckt, ist das fast vergleichbar mit Platz eins auf der Bestsellerliste. Ach was, Platz eins der Bestsellerliste kann mir gestohlen bleiben!

10. / 11. August

Von Kohlberg nach Schnaittenbach und von Schnaittenbach nach Hirschau

über die Bernsteinstraße und die Hohe Straße, die Hänge von Kohlberg hinab ins Kaolinbecken nach Schnaittenbach. Von dort an den Tagebaugruben und dem Monte Kaolino vorbei nach Hirschau: zusammen ca. 15 km

Nach einem Sektempfang *im Rathaus von Kohlberg und anschließender Kirchenführung begleiten uns zahlreiche Mitwanderer einschließlich des Bürgermeisters von Kohlberg und des Landtagsabgeordneten Reinhold Strobl über die Bernsteinstraße hinauf zur Hohen Straße. An den Hängen von Kohlberg kann man die tiefen Furchen der „Goldenen Straße" noch heute sehen. Am frühen Nachmittag schon erreichen wir das Kaolinbecken und unser Etappenziel Schnaittenbach. Dem wunderschönen, idyllischen Kräutergarten direkt neben dem alten Rathaus statten wir einen Besuch ab.*

Am nächsten Morgen werden wir im Rathaus über den geplanten Geopark im Kaolinbecken informiert. Am Fußweg entlang der Bundesstraße 14 erreichen wir die Kaolinwerke der Gebrüder Dorfner. Ingenieur Jochen Drescher fährt uns im Firmenjeep bis auf den Grund der Tagebaugruben. Wir besichtigen die Aufbe-

reitung des Kaolins, seine Veredelung und auch die Quarzsandtrocknung. Über den Geopark gelangen wir zum Fuß des Monte Kaolino, dem Wahrzeichen von Hirschau. Vorbei an den mächtig tiefen Gruben der Amberger Kaolinwerke wandern wir zum Schlosshotel in Hirschau, wo am Abend unsere Lesung stattfindet.

himmel noch einmal

über dem truppenübungsplatz grafenwöhr
der kondensstreifen eines verkehrsflugzeugs

ein schnitt
wie mit einem rasiermesser

im westen cyrruswolken
flaumfedern von gerupften engeln

schau schon hängt einer
kopfüber am sternenplafond

kein expeditionsbericht
gruseltheater aus einer anderen welt

blutrot der abend
dann fällt der vorhang

Harald Grill

Auf der Verbotenen Straße

Friedrich Brandl

Tiefe Gräben mitten im Wald –
die Überreste der Goldenen Straße.
Immer, wenn so ein alter Handelsweg nicht mehr befahrbar war,
wurde einfach daneben ein neuer angelegt.
Auch an den Steigungen der Kohlberger Höhen
sieht man diese metertiefen Rinnen.
Wir verlassen den Wald
und auch die Goldene Straße
und steigen hinab nach Schnaittenbach.
Schon von weitem sehen wir den „weißen Berg", den Monte Kaolino.
Seit mehr als 150 Jahren
wird im Hirschau-Schnaittenbacher Becken
Kaolin abgebaut.
Es gilt als das „weiße Gold" der Oberpfalz.

Während Hirschau an der Goldenen Straße lag,
die hier über Kohlberg, Weiden, Neustadt, Bärnau
hinein ins Böhmische nach Pilsen und Prag führte,
war Schnaittenbach – so erklärt man uns Wanderern –
an der Verbotenen Straße gelegen.
Das ruft Assoziationen hervor:
Verbotene Straßen kannte ich vom Hörensagen.
Hinter vorgehaltener Hand wurde darüber erzählt.
„Straßenstrich" und „Rotlichtmilieu" waren Worte,
die elektrisierten.
Mit hochrotem Kopf hörte ich als 13-, 14-jähriger zu,
wenn die Älteren von
Nürnbergs „Hinter der Mauer",

von der „Thundorferstraße" in Regensburg
oder gar von der „Reeperbahn" in Hamburg flüsterten.
Das waren für mich verbotene Straßen.
Aber Schnaittenbach, Wernberg, Vohenstrauß, Waidhaus
an einer verbotenen Straße?
Nun bei Waidhaus könnte ich mir das noch vorstellen.
Aber selbst das ist ja heute auch nicht mehr „verboten".

Schnaittenbach, gerade mal vor etwas mehr als 50 Jahren zur Stadt erhoben,
gleicht eher einem langgezogenen Straßendorf.
Wir schlendern entlang der B 14.
Mit Glück finden wir ein Café.
Der Verkehr brettert an uns vorbei.
Wir haben Mühe die Straße zu überqueren.
„Was ist nun mit der Verbotenen Straße?"
fragt Bernhard.
Ich krame aus meinem Rucksack
eine kleine Broschüre hervor.

Während uns die junge tschechische Bedienung
Cappuccino und Espresso zubereitet,
lese ich nach.

Bürger aus Bärnau beklagten sich im 16. Jahrhundert,
dass die Fuhrleute nicht mehr
die Goldene Straße nähmen,
sondern über Schnaittenbach nach Waidhaus
und weiter nach Pilsen und Prag zögen
und ihnen dadurch wichtige Einnahmen entgingen.
Diese andere Trasse war erheblich kürzer und,
was wahrscheinlich noch gewichtiger war,
auf ihr konnte man Zollschranken umgehen.

Aha, denke ich, Mautflüchtlinge damals wie heute.
Per Erlass wurde die Südroute dann zwar „verboten",
wurde aber als Handelsweg
immer mehr bevorzugt.

Bilde ich mir das ein
oder schauen der Harald und der Bernhard
jetzt fast ein bisserl enttäuscht
über diese Erklärungen,
die ich ihnen da geliefert habe?

Was hatten die denn erwartet,
hier in Schnaittenbach?

Jochen Drescher, Leiter des Bergbaus bei der Firma Gebrüder Dorfner: *Das Kaolin ist auch nicht hier entstanden. Das Kaolin stammt aus dem Böhmischen. Und Kaolin, das wir unter anderem zur Porzellanherstellung benötigen, entsteht bei der Verwitterung von Granit. Das heißt, dieser Granit ist im Böhmischen entstanden, ist dann verwittert und hierher transportiert worden und im Laufe der Verwitterung in Böhmen und während des Transportes ... ist diese Umwandlung vollzogen worden, dass aus dem Feldspat das Kaolin geworden ist. Und das ist hier in Schüben einfach über Wassertransport abgelagert worden.*

Grill: *Durch die Bäche?*

Jochen Drescher: *Durch Bäche und Flüsse, die durchaus anders gewesen sind, auch größer gewesen sind, als wir das heute hier sehen.*

Grill: *Dann ist also das Kaolin wie wir aus Richtung Pilsen hierher gewandert?*

Jochen Drescher: *Ja, ja, so ungefähr.*

Brandl: *Des hat nur a bissl länger gebraucht.*

Jochen Drescher: *Ja, das denk ich schon.*

12. August

Von Hirschau nach Sulzbach-Rosenberg

über Gebenbach, Mausberg, Mausdorf ins Hahnbacher Becken zum Frohnberg. Von dort durch die „Fatzen" und über den Annaberg: ca. 20 km

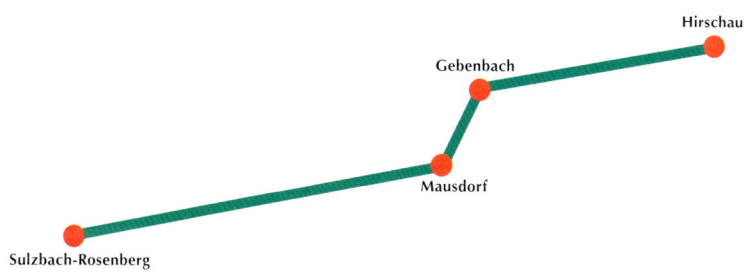

Fast zwei Dutzend Mitwanderer *begleiten uns vom Treffpunkt am Rathaus in Hirschau nach Gebenbach. Mathias Conrad vom heimatkundlichen Verein erklärt uns die dortige Kirche und führt uns hinauf zum Mausberg. Am Getreidekasten in Mausdorf vorbei durchqueren wir das Vilstal südlich von Hahnbach und erreichen gegen Mittag den Frohnberg. Dort wartet man schon auf uns mit einer Brotzeit, denn die Bergfestwoche wurde gerade feierlich eröffnet. Wir wandern durch das Waldgebiet „Fatzen" zum Annaberg nach Sulzbach-Rosenberg. Bürgermeister Gerd Geismann ist auf dieser Teiletappe mit dabei und heißt uns in der Herzogstadt und ehemaligen Hauptstadt Neuböhmens willkommen. Die Bekanntheit Sulzbach-Rosenbergs ist aber unweigerlich mit der Maxhütte, dem ehemals größten Stahlwerk Süddeutschlands, verbunden und mit dem Literaturarchiv. Der Schriftsteller und Literaturwissenschaftler Walter Höllerer hatte es 1977 hier in seiner Geburtsstadt gegründet. Der letzte Abend wird ein „Erzählabend" im Gasthof gegenüber dem Archiv.*

für einen adler aus dem hahnbacher becken

„… Quarzsand für die Kuppel des Bundestags in Berlin."

warum kein bundesadler aus glas
leicht durchschaubar
im kühlen gefieder und so zerbrechlich

der würde
den flug fürchten
wie der teufel das weihwasser

und wir würden sagen
quarzsand ist er gewesen
sand wird er sein

und es würde knirschen
zwischen unseren zähnen
als kehrten wir heim vom urlaub am strand

Harald Grill

Subjektives Gedicht

Oswald Heimbucher gewidmet

Niemand kann mir nachweisen,
Dass Sulzbach-Rosenberg nicht
Der Mittelpunkt der Welt ist.

Sollte es mir doch jemand nachweisen, so
Werde ich ihm beweisen, dass
Seine Methode falsch ist, –
Unangemessen.

Meine *Methode hingegen*
Geht auf die Anfänge zurück,
Nämlich: auf meine.

Walter Höllerer

Straßenrandnotizen

Friedrich Brandl

…
An einer Scheune müssen wir uns entscheiden:
Wollen wir zum Sommernachtsfest
des ländlichen Burschenvereins Floß
mit Wein- und Schnapsbar
bei freiem Eintritt
oder zum Kirwa-Rock ins Feuerwehrhaus?
Oder sollen wir doch lieber
am Preisschafkopf im ASV-Sportheim teilnehmen,
um eventuell 200 Euro zu gewinnen
oder ein halbes Schwein?
Die 200 Euro könnten wir zwar gut gebrauchen,
doch was sollten wir mit einer halben Sau?
Weil wir uns nicht recht einigen können,
ziehen wir dann doch weiter.

Eine bunte Tafel macht uns mit Wilchenreuth vertraut.
Die Legende gibt vielsagende Auskünfte:
Nummer 1: Gasthof
Nummer 2: Gasthof
Nummer 3: Feuerwehrhaus
Nummer 4: Standort
32 Häuser mit 105 Einwohnern.

Am Straßenrand werden uns
Granitsautröge zum Verkauf angeboten.
Wir kaufen keinen.
Wer hätte ihn auch schleppen sollen?

Schmiedeeiserne Grabkreuze an einer Straßenkreuzung
zwischen Kohlberg und Schnaittenbach,
frischer Blumenschmuck und rote Laternen
erinnern an drei junge Menschen,
die hier bei einem Verkehrsunfall
ums Leben gekommen sind.
Die Goldene Straße wurde für sie wohl zu einer Sackgasse.

Militärischer Sicherheitsbereich:
Vorsicht Schusswaffengebrauch.
Wir erschrecken vor diesem Schild.
Eine Granittafel weist den Weg als
historische Reichsstraße aus.
Ein Holzschild nennt uns die Bernsteinstraße.
Ein anderes Schild sorgt für Irritation: BDM.
Heute heißt das Bundesverband Deutscher Milchviehhalter.
Der alte, verlassene Bahnhof von Hirschau
mutet an wie ein Gebäude jenseits der Grenze.

Im Geopark beim Monte Kaolino
treffen wir einen sprechenden Granit,
der uns die Entstehung des Kaolins erklärt.
Auf dem Frohnberg bei Hahnbach
wird gerade die Festwoche eröffnet.
Wir versammeln uns zu einem Gruppenbild mit Dame:
Drei Autoren, drei Bürgermeister und
Waltraud Lobenhofer von der AOVE, unsere Mitorganisatorin.

An der Mauer der Annabergkirche
erkennen wir den Einschuss der Amerikaner
vom 22. April 1945.
Der Schlackenberg grüßt von der Maxhütte herüber.
…

13. August

Von Sulzbach-Rosenberg nach Amberg

aus dem Stadtgebiet Sulzbachs über den Schlossberg von Rosenberg
zur Maxhütte; von dort über Siebeneichen und den Erzberg: ca. 12 km

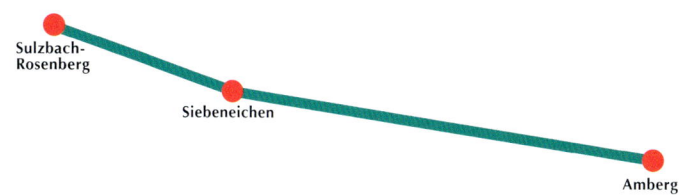

Gemeinsam mit dem Bürgermeister *von Sulzbach-Rosenberg treffen wir uns
beim Literaturarchiv. Durch das Stadttor verlassen wir Sulzbach und gehen nach
Rosenberg.*

*Wir besteigen den Schlossberg, von dem man einen herrlichen Ausblick hat ins
Hahnbacher Becken, hinüber nach Amberg, aber vor allem auf das gesamte Betriebsgelände der Maxhütte. Zur Besichtigung des 2002 stillgelegten Werkes versammeln sich wieder zahlreiche Mitwanderer an der Hochofenpforte. Uns beein-
druckt die ungeheuerliche Stille in diesem Werk. Über den Eichelberg erreichen
wir gegen Mittag den Ortsteil Siebeneichen. Der dortige Biergarten bietet Schutz
und Rastmöglichkeit. Zurück auf dem Wanderweg des Höhenrückens gelangen wir
über die Platte nach Amberg. Schon von weitem ist der Mariahilfberg mit seiner
Wallfahrtskirche sichtbar. Durch das Neubaugebiet „Katharinenhöhe" kommen
wir zur Altstadt. Im Schatten der St. Martinsbasilika überqueren wir den Marktplatz mit seinem gotischen Rathaus. In der Stadtbibliothek im Raseliushaus, direkt
neben der Vils, findet unsere Abschlusslesung statt, wo uns der Musiker Stefan
Huber und mehr als 80 Zuhörer erwarten.*

Gerd Geismann, Bürgermeister von Sulzbach-Rosenberg: *Des is der Förderturm vom Annaschacht, sonst is ja nix mehr da. Den Förderturm erhält de Stadt als ihr letztes Erinnerungszeichen an den Eisenerzbergbau, der über 2000 Jahr quasi war. Allerdings, der Schacht selber, der Annaschacht oder andere Schächte, die's in Sulzbach-Rosenberg gegeben hat, sind alle nicht mehr erhalten, die sind alle aufgefüllt mit Grundwasser.*
Der Schlackenberg wird zur Zeit saniert vom Freistaat Bayern, d. h. er wird standsicher gemacht. Die ganzen Klärschlammdeponien kommen raus, dann wird er modelliert, dann wird er abgedeckt und dann wird er humusiert. Und dann bleibt er als riesig großer, fast 500 Meter hoher grüner Hügel in der Landschaft stehen. Und da kann man um den Annaberg herumschauen zum Rauhen Kulm, zum Fichtelgebirge, Kösseine, Ochsenkopf, usw.

Grill: *Was kann man sich für Geräusche vorstellen, als das Werk noch in Betrieb war?*

Gerd Geismann: *Das war eine ewige Geräuschkulisse. Stampfen, Zischen, des war unglaublich, dann ein Pfeifen und ab und zu einmal ein richtiger Donnerschlag.*

Grill: *Dann haben die hier nicht unbedingt ruhig gewohnt?*

Gerd Geismann: *Absolut nicht. Wie dann geschlossen war und da nichts mehr war, dann habens alle Probleme kriagt. Wenn der Hochofen angstochen worden ist, dann war der Himmel abends feuerrot, des hat ma über Amberg dann gsehng, so hats ja früher in Amberg aa ausgschaut, wie die Luitpoldhütten no war, aber des is ja lang her. Die Amberger san deshalb so widerstandsfähig, weil sie unsern Dreck kriagt haben und des hauptsächlich mit Eisen versetzt, und des hat sie natürlich besonders resistent gmacht.*

maxhütte

einst größtes stahlwerk süddeutschlands
2002 stillgelegt

auf dem weg pfützen
vom letzten regen und
von den winderhitzern
gurren die tauben
moos macht sich breit
zwischen den schienensträngen
löwenzahn erobert freiflächen
das gewölle auf der rostigen
bodenplatte gibt ein
mäuseskelett frei
die druckanzeige darüber
steht auf null
turmfalken oben auf der gicht
haben ihren arbeitsplatz
verteidigt
am fuße des hochofens
stehen junge birken
mehr als zweijährig
schon

Friedrich Brandl

„Wie ein toter Saurier aus Stahl"

Friedrich Brandl

„… im aufzischenden Dampf, im pfeifenden Feueratem sprühender Birnen,
im magischen Zwielicht einer lodernden Helligkeit
und einer schwirrenden Dämmerung,
liegt das Werk,
im Kreischen der Sägen, im Donnern der Maschinen
eine wahrhafte Schmiede des Vulkans."
So schrieb Eugen Roth 1928
in der Festschrift „75 Jahre Maxhütte".
Wie kein anderer Arbeitgeber hat die Maxhütte
die Geschichte Sulzbach-Rosenbergs geprägt.
In ihrer besten Zeit waren hier 10 000 Menschen beschäftigt.

Der Bürgermeister von Sulzbach-Rosenberg begleitet uns vom Gasthof Sperber
gegenüber dem Literaturarchiv hinaus durch das Stadttor,
vorbei am Annaschacht und durch alte Industriesiedlungen.
Auf dem Schlossberg von Rosenberg machen wir Halt.
Von hier aus hat man einen weiten Blick
über das gesamte Betriebsgelände.
Gebannt schauen wir hinüber.
Wir warten auf das Zischen und Rauchen,
auf das Qualmen und Pfeifen.
„Wie ein toter Saurier aus Stahl",
so betitelte die Süddeutsche Zeitung einen ihrer Berichte,
liegt das Werk jedoch vor uns:
Hochofenanlage und Winderhitzer,
Stranggießanlagen und Stahlwerk,
Walzwerk und Werkstattanlagen.
Wir steigen den Schlossberg hinab,

überqueren den Rosenbach und stehen am Fuße eines Hochofens,
des letzten von ehemals sechs.
Hier, wo Eisenerz aus den Bergwerken Sulzbach-Rosenbergs,
aus Auerbach und später aus dem Ausland
mit Hilfe von Koks, Kalk und heißem Wind
zu Roheisen verhüttet wurde.
Doch der Vulkan ist erloschen.
Keine Rauchzeichen, kein Feuer, kein Qualm.
Nur Stille.

Eigenartig diese Stille.
Eine Stille wie in großen gotischen Kirchen
oder wie auf Friedhöfen.
Fast bedrückend.
Die Schlackenfahrzeuge neben den Winderhitzern wirken wie
ausgestorbene Ungeheuer.
Der Rauch des letzten Abstichs hat sich längst verzogen.
Staub bildet dicke Krusten.
Unsere Schritte hallen auf den Stahlplatten.
Wir erschrecken, als nur wenige Meter neben uns
der Regionalexpress von Nürnberg nach Prag vorbeisaust.

Fast 150 Jahre herrschte hier reges Leben.
150 Jahre Röchling, Flick und Klöckner,
Thyssen, Krupp, Mannesmann und Aicher.
Das Sterben dann hat 15 Jahre gedauert.
1987 hat es begonnen.
Immer wieder wurden Teile weggeschnitten,
wie bei einer Krebsoperation:
die Gruben in Auerbach,
das Werk Maxhütte-Haidhof,
dann Stück für Stück vom Standort Sulzbach-Rosenberg.
1993 noch ein Aufbäumen.

Da ziehen die Stahlkocher der Maxhütte durch die Bergmannsstadt,
schreien lauthals ihren Protest hinauf zum Luitpoldplatz.
Es hat nichts genützt.
2002 kam das endgültige Aus.
Viele haben der Hütte die Hand gehalten in den letzten Stunden,
wie bei einer Sterbenden.
Viele sind den letzten Weg mit ihr mitgegangen.

Günter Grass, der Freund Walter Höllerers, ließ es sich nicht nehmen,
seine Verbundenheit mit ihm und mit Höllerers Stadt
Sulzbach-Rosenberg zu zeigen.
Wenige Tage vor Weihnachten 2003,
an Walter Höllerers Geburtstag
und ein halbes Jahr nach dessen Tod,
las er in der Zentralwerkstatt der Maxhütte.
Nahezu 1000 Zuhörer hatten sich eingefunden.
Gespenstisch die Atmosphäre:
die Scheinwerfer, die den Weg beleuchteten,
der Nebel,
die fast unerträgliche Stille hier an diesem Ort,
wo vor kaum mehr als einem Jahr noch ohrenbetäubender Lärm herrschte.
Grass lässt die Blechtrommel erklingen.
Er liest das Kapitel „Glaube Hoffnung Liebe".
Kalt läuft es den Zuhörern über den Rücken,
als die markante Stimme von Grass,
noch von Dutzenden Lautsprechern verstärkt,
durch diese Fabrikhalle tönt:
„... an welchem Morgen, an welchem Abend,
weiß ich nicht, ob es auf Tageszeiten ankommt;
denn die Liebe kennt keine Tageszeiten,
und die Hoffnung ist ohne Ende
und der Glaube kennt keine Grenzen ..."

Die Enge bei der Lesung erinnert an die Betriebsversammlung hier
am 24. September 2002,
wo der Betriebsratsvorsitzende Albert Vetter
seine letzte Rede vor der Belegschaft gehalten hat.
Er schloss diese mit den Worten:
„Obwohl nun das Hüttenfeuer verlischt,
wird die Glut nicht erkalten."

Er meinte die Glut in den Herzen derer,
die lange und phantasievoll
für den Erhalt der Arbeitsplätze gestritten hatten.

Wir kommen in ein Gewölbe aus Stahl,
vom Sonnenlicht durchdrungen,
hoch wie ein mittelalterlicher Dom.
Überwältigende Größe.
Ehrfurchtsvolles Schweigen bei uns.

Das Konverterherz hat aufgehört zu schlagen.
Wie Gespenster hängen die Schürzen der Stahlkocher an den Haken.
Man müsste sie wegräumen
diese Erinnerungen an den Wänden.

Und auch die in unseren Köpfen.

maxhüttenfundstücke

der aschenbecher
am schreibtisch im betriebsbüro
noch voller kippen
arbeitsklamotten am boden
verstreut nutzlose formulare
für die auflistung von mehrarbeit
die kunst-fettecke
aus benutztem brotzeitbrett
und besteck mit roten plastikgriffen
hellblaue badeschlappen weisen den weg
zu offenen spinden
schutzhelm und sicherheitsschuhe
haben ausgedient
an den türen nacktfotos
im po des models
der anstecker
vom tag der arbeit 1994

Friedrich Brandl

Am letzten Tag der Wanderung

Friedrich Brandl

Siebeneichen,
einen schöneren Ort
hätten wir uns als Rastplatz
wirklich nicht aussuchen können,
heute am siebenten Tag der zweiten Woche unserer Wanderung:
Drei Autoren unterwegs.
Dazu zweimal sieben Begleiter.
Wir machen Mittagsrast in einem lauschigen Biergarten
unter dem schattigen Blätterdach von sieben Eichen.
Die stehen wirklich hier.
Sie haben auch diesem Ortsteil von Sulzbach-Rosenberg
seinen Namen gegeben.
Kirchweihfest, obwohl keine Kirche weit und breit.
Das macht Oberpfälzern nichts aus.
Das Bier schmeckt.
Die Zahl sieben ist bekanntlich ein Symbol für Ruhe und Frieden
und addiert sich aus der Zahl drei,
dem Symbol für das Göttliche
und der Zahl vier,
dem Symbol für das Weltliche.
Die sieben steht eben für den Menschen und zwar mit Leib und Seele.
Und der Leib kommt nicht zu kurz hier im Wirtshausgarten:
Schweinsbraten mit hausgemachten Knödeln
oder dicke Oberpfälzer Bratwürste mit Kraut.
Bei der zweiten Halben oder ist es gar schon die siebte
unterhalten wir uns mit den Schutzgöttinnen der Künste,
den sieben Musen über Dichtung und Wahrheit.
Kein Wunder, dass wir sie hier treffen.

Hier unter den Eichen.
Sie waren von Amberg und vom benachbarten Sulzbach-Rosenberg
her geradelt.
Bunt gekleidet sitzen sie auf den Stufen.
Nein, nicht des Altars, sondern auf den hölzernen Bierbanken.
Und daneben, ich trau meinen Augen nicht, sitzt Joseph Beuys,
einen fetten Schweinsbraten vor sich und eine frische Maß.
Ja, hier in Siebeneichen, da habe er seinerzeit die Idee gehabt
für die Documenta 7.
Aber sieben Eichen wären zu wenig gewesen für Kassel.
Da mussten es schon sieben Tausend sein.

Die Eichen sind ja ein Symbol für die Ewigkeit.
Und so möchten wir auch sitzen bleiben.
Wenn schon nicht eine Ewigkeit, so doch wenigstens noch ein Stündchen.
Doch Amberg ruft und in der Stadtbibliothek
werden schon die Instrumente gestimmt.
Achtzig Zuhörer hat der Huber Stefan zusammengetrommelt.
Das freut die Vroni, die Bibliothekarin und den Bürgermeister,
der auch schon ganz neugierig ist,
was wir denn alles erlebt und zu erzählen hätten.
Wir erzählen von unserer Wanderung,
von den zweimal sieben Tagen,
von uns drei Autoren und dass wir an manchen Tagen vier waren,
was dann zusammen wieder sieben gibt.
Wir erzählen von Pilsen, Kladruby und Tachov, von Bärnau, Neustadt und
Weiden, von Kohlberg, Schnaittenbach und Hirschau.
Sulzbach-Rosenberg war gestern.
Siebeneichen heute Mittag.
Schade, dass die Eichen keine Eichen sind, sondern Kastanien
und dass an diesem Sonntag nicht der siebte August ist,
sondern der dreizehnte.

Ankommen

Friedrich Brandl

Ankommen wird man irgendwann und irgendwo immer.
In Hracholusky oder Stříbro, in Tachov oder Bärnau,
in Kohlberg oder Hirschau.
Doch ankommen in Amberg, das ist für mich zugleich heimkommen.
Heimkommen nach zwei Wochen heimgehen.
Und obwohl die Strecke von Pilsen nach Amberg dieselbe ist
wie die von Amberg nach Pilsen,
die Entfernung, die Orte, die Landschaft,
ist heimgehen doch ganz anders als fortgehen.
Zu Fuß, Schritt für Schritt, haben wir die Landschaft erlebt.
Am Ende dann das Ankommen.

An den beiden letzten Tagen hat es sich schon bemerkbar gemacht.
Viele der Wegbegleiter auf diesen letzten Etappen sind gute Bekannte.
Schritt für Schritt wird die Landschaft, ja jede Weggabelung vertrauter.
Zurück liegen dreizehn Tage
dahinschlendern und betrachten,
schauen und verweilen,
erkunden und erfragen,
miteinander reden, essen und trinken.
An diesem Sonntag kommen wir an unser Ziel.
Nun ist das ja nichts Ungewöhnliches, dass man in seine Stadt heimkommt.
Doch zu Fuß hat man unendlich viel Zeit
sich auf dieses Ankommen vorzubereiten.

Jedes Mal
war in den vergangenen Tagen
dieses Ankommen etwas Besonderes.

Am ersten Tag,
als der Rucksack noch drückt
und unsere Wegstrecke deutlich über 20 Kilometer liegt,
kommen wir etwas geschafft am Transkemp in Hracholusky an.
Wir sind gespannt,
ob unsere Zimmerreservierung einige Wochen zuvor
geklappt hat.
Sie hat.
In Branka wartet bei unserer Ankunft schon das Team von Oberpfalz-TV.
In der Wirtschaft stärken wir uns.
Wir müssen aufpassen,
dass wir es beim Schnapstrinken nicht ähnlich halten wie der Kameramann.
Wir müssen schließlich zu Fuß weiter
hinauf nach Hermannsreuth.
Zwei Tage darauf – es ist Sonntag, aber leider kein Sonnentag –
wandern wir von Bärnau nach Plößberg den ganzen Tag im Regen.
Anfangs macht das noch Spaß.
Aber nach einigen Stunden wird das ungemütlich.
Alles trieft, alles tropft.
Endlich kommen wir an im Schwarzen Adler in Plößberg.
Patschnass trotz Multifunktionskleidung.
Oder einige Tage später in Kohlberg im Weißen Schwan.
Zu unserer Überraschung werden wir nach dem Abendessen
von einer Abordnung des Pfarrgemeinderates
mit einer Flasche Messwein willkommen geheißen.

Immer wieder war es neu, dieses Ankommen.

Nähert man sich Amberg mit dem Auto oder mit der Bahn,
so kündigt sich die Stadt schon von weitem an.
Vom Autobahnzubringer aus sieht man sie in einem Kessel liegen,
überragt vom Mariahilfberg.
Kommt man auf der B 85 von Schwandorf

oder von Sulzbach-Rosenberg her,

so fährt man durch die Vororte

aus Supermärkten, Tankstellen und Autohäusern.

Von Osten oder von Norden

erreicht man zuerst Neubausiedlungen und Ortsteile,

wie Ammersricht oder Raigering,

die 1972 bei der Gebietsreform der Stadt einverleibt wurden.

Wir aber kommen zu Fuß von Sulzbach-Rosenberg.

Lange ist nichts zu sehen von der Stadt.

Sie hat sich hinter dem Erzberg weggeduckt, versteckt.

Allein der Mariahilfberg mit seiner Wallfahrtskirche ist sichtbar.

Wir wandern am Rande des Hahnbacher Beckens,

das von der Vils durchflossen wird.

Dieser kleine Fluss, nicht einmal ganz 90 Kilometer lang,

entspringt in Kleinschönbrunn,

fließt über Vilseck nach Amberg

und mündet 40 Kilometer südlich davon in Kallmünz in die Naab.

Dieser kleine Fluss war in meiner Kindheit unser Abenteuerspielplatz.

Da stehen drei Buben, acht- oder neunjährig,

mit kurzen Lederhosen bei der Kräuterwiese in der Vils beim Fischlfangen.

Der Willi, der Jürgen und ich.

Oder beim Paddelbootfahren vom Hacker aus

hinter der Martinskirche.

Da kämpfen sie sich mit dem Boot Vils aufwärts zum Netzersteg

und lassen sich dann wieder hinuntertreiben zur Stadtbrille.

Mit der Landesgartenschau 1996 bekommt dieses „Leben am Fluss"

für mich eine neue Bedeutung.

Südlich der Altstadt,

wo sich wenige Jahre zuvor

Becken und Teiche der Kläranlage und verwahrloste Flussufer befanden,

entsteht im Rahmen dieser Gartenschau eine einmalige Gesamtgrünfläche,

die für die Stadtökologie von größter Bedeutung wird.

Suscipiat Dominus sacrificium de manibus tuis.
Mit zehn Jahren bin ich Ministrant in St. Martin geworden.
Wie oft bin ich kurz vor sechs Uhr
bei Nacht und Nebel
von der Ziegelgasse aus
zur Kirche gerannt,
wenn ich bei der Frühmesse eingeteilt war.
Wie viele Gruppenstunden haben wir damals schon
im Türmerzimmer oben auf dem Martinsturm abgehalten.
Den Turm besteigen, das ist ein Privileg für uns Ministranten.
An den Kartagen drehen wir dort oben die Ratschen,
die dann statt Glockengeläut ertönen.
Jetzt ist es auch für die Bevölkerung möglich,
den Turm zu besteigen.
Immer samstags um Viertel vor Zwölf.
Erst kürzlich war ich mit meinem Freund Bernard aus Frankreich oben.
Der Blick von dort ist überwältigend schön.
Tief unten der Marktplatz und die Altstadt.
Auf gleicher Höhe der Mariahilfberg.
Und dann die Weite zu den Oberpfälzer Waldbergen,
zum Hirschwald oder zum Jura.

Amberg und sein Umland
werden das „Ruhrgebiet des Mittelalters" genannt
wegen des damaligen Erzbergbaus und der Eisenhütten.
In dieser Zeit war Amberg der nördlichste Schifffahrtsort
im Stromgebiet der Donau
und Hauptumschlagplatz der Oberpfalz.
Man kann sich das heute gar nicht mehr vorstellen.
Einen kleinen Eindruck davon
gewinnt man bei einer Plättenfahrt,
die als Erinnerung an die frühere Erzschifffahrt
seit 1996 in den Sommermonaten angeboten wird.

So einen Holzkahn hätten wir uns am Hracholusky Stausee gewünscht.
Hier, wo der Fluss Mže aufgestaut ist,
hätten wir ein Stück hinaufrudern können
und die Rucksäcke nicht mehr schleppen brauchen.

Gut erhalten ist die Altstadt von Amberg mit der Stadtmauer rund herum,
dem Stadtgraben, den vier Toren.
Und vor allem mit der Allee.
Da sehe ich mich und die Eltern beim Sonntagsspaziergang.
Ich an der Hand der Mutter.
Der Vater meist zehn Schritte voraus.
Eine gute Stunde, wenn man langsam geht,
dauert der Weg auf der Allee rund um die Stadtmauer.
Und die Eltern gehen langsam.
Als Kind regt einen das Langsamgehen auf.
Als Kind möchte man schnell von hier nach dort.
Nicht dieses Stehenbleiben und nicht dieses Schauen.
Das aber ist das Besondere bei unserer Wanderung.

Mit vierzehn treffen wir uns oft am Marktplatz im „Santin".
Diese kleine italienische Eisdiele wird zu unserem beliebten Jugendtreff.
Der Edi, der Peter und der Leo haben es gut.
Sie verdienen als Lehrlinge schon ein wenig.
Ich bin noch Schüler und habe nicht einmal Taschengeld.
Immer bin ich darauf angewiesen, dass einer meiner Freunde
mir eine Cola spendiert.
Ich setze mir in den Kopf, auch eine Lehre anzufangen.
So beginne ich im Herbst 1961
als Industriekaufmannslehrling bei der Luitpoldhütte.
In dieser Zeit gründen meine Freunde und ich unsere erste Band.
Die Skiffle-Group Manhattan.
Mein Bruder hatte mir ein halbes Jahr zuvor
zu Weihnachten eine Gitarre gekauft.

Ich nehme an einem Gitarrenkurs teil.
Unermüdlich übe ich.
Im Stadttheater, links neben dem Eingang zum Casino
unter einer Eisentreppe,
haben wir unseren Jazzkeller.
Zuerst nennt sich unsere Band „Lonley Hot Boys".
Doch der Name ist uns bald zu blöd.
Natürlich bleiben wir nicht lange die „lonley boys".
Im Stadttheater hat eine weitere Band ihren Jazzkeller.
Und es gibt noch den im Ziegeltor
von den Brick Tower Stompers mit dem Steinl Winnie.
Der wird unser Mentor.
Der lernt uns Gitarrengriffe und Songs.
Der gibt uns Tipps für unser Auftreten.
Da stehen wir, der Willi, der Edi, der Peter, der Bernhard,
der Leo, der Günter, der Fritz und ich
auf der Bühne des Josefshauses
und plärren „Mama don´t allow skiffle playing here".
Der Saal tobt.
Der Beifall steigt uns in den Kopf.
Wir sind high.
Aus Gaudi rauchen wir Zigarren und trinken Wein.
So gekotzt wie an diesem Abend habe ich selten.
Auch habe ich danach nie mehr eine Zigarre angerührt.

Nach Nordosten des Höhenweges weitet sich der Blick.
Man kann zurückschauen zum Annaberg, zum Frohnberg,
zum Höhenzug bei Gebenbach.
Weiter im Osten die Ausläufer des Oberpfälzer Waldes.
Mir geraten die Bilder durcheinander.
Der felsige Uferpfad,
war das an der Mže oder an der Waldnaab?
Der Friedhof mit den alten, mächtigen Linden,

war der in Jezná oder in Staré Sedliště?
Haben wir das Guláš in Vranow gegessen oder in Branka?

Der alte Backsteinkamin,
war das Pňovany oder doch schon Amberg?
Direkt unterhalb des Erzberges ragt ein Schlot empor.
Es ist einer, der von der Luitpoldhütte noch übriggeblieben ist.
Zu meiner Lehrzeit hatten dort 3500 Menschen ihren Arbeitsplatz.
Erzbergbau, Hochöfen, Kokerei,
Handelsgießerei, Schleudergießerei, Zementwerk.
Heute hat die Hütte gerade mal 400 Arbeitnehmer.

Eilig bin ich als Lehrling unterwegs.
Ich muss einen Botengang
von der Verwaltung zu einem Betriebsbüro machen.
Nur wenige Meter an den Hochöfen vorbei.
Mit einer Mischung aus Angst und Neugier
beobachte ich die zähfließende, glühende Masse beim Abstich.
Ich ducke mich
unter den schweren, überdimensionalen Kübeln mit Roheisen,
die ein beweglicher Kran
durch die Halle zu den Gießereiplätzen transportiert.
Funken stieben,
ich spüre die Hitze,
Kohlenstaub legt sich mir auf Gesicht und Arme.
Wenn ich in die Handelsgießerei gehen muss,
fällt mich immer so etwas wie Beklemmung an.
Dieser Betriebsteil kommt mir vor wie der Eingang zur Hölle:
dunkel, fast schwarz und heiß.
Mir schmerzen die verkrampften Finger,
als ich in der dritten Woche des ersten Lehrjahres in der Schmiede stehe
und mit dem schweren Hammer
auf das glühende Eisen des Ambosses schlagen muss.

Nichts ist heute mehr zu sehen
von den Hochöfen, der Hochofenpforte, der Kokerei.
Auch der Eingang zum Bergwerk, der Theresienstollen, ist verschlossen.
Dort wo auf der Straßenseite gegenüber die Bethalle stand,
denn die Bergleute beteten, bevor sie unter Tag einfuhren,
befindet sich heute ein Baustoffhandel.

Vom Erzberg aus kann man im Südwesten
Industrie- und Siedlungsgebiete sehen.
Die Lücke zischen der Altstadt und dem Dorf Speckmannshof
ist bald geschlossen.
Vor den Anhöhen des Oberpfälzer Jura
entdecke ich einen kleinen weißen Farbtupfer,
das Kirchlein „Maria Schnee" bei Atzlricht.
Diese Idylle wurde für mich von Bedeutung.
Zahlreiche Wanderungen, Maiandachten und Feste erlebte ich dort.
Vor mehr als 30 Jahren fand in diesem kleinen Kirchlein
auch meine Trauung statt.

Maria Schnee und Maria Hilf, wenn das kein Zufall ist.
Auch das Amberger Bergfest,
das Ende Juni/Anfang Juli immer stattfindet
und zum alljährlichen Treffpunkt wird
für die Amberger und für die,
die einmal hier wohnten,
ist und bleibt ein beschauliches Fest,
fast könnte man sagen, eine Idylle.
Da sitze ich mit dem Bernhard und dem Harald
unter dem Blätterdach der Linden.
Wir kosten das Amberger Bier
und philosophieren über die besten Bratwürste.
Ob es die hier beim Amberger Bergfest,
beim Annabergfest in Sulzbach-Rosenberg,

beim Frohnbergfest in Hahnbach
oder doch beim Mausbergfest in Gebenbach gibt.
Wir sind uns nicht einig,
beschließen aber das auszuprobieren.

Wenn man Freunde oder Bekannte
oft schon jahrelang nicht mehr gesehen hat,
aus welchen Gründen auch immer,
beim Bergfest trifft man sie.
Hier hat man Zeit.
Hier nimmt man sie sich.
Dieses Sitzen im Schatten alter Bäume.
Das ist Biergartentradition.
Und die alten Amberger Brauereien,
fast alle hatten oder haben sie bei ihrer Wirtschaft einen Garten.
Hier kann man dem Lärm der Stadt und des Alltags entfliehen.

Auf dem Weg vom Erzberg zur Altstadt
kommen wir durch eine Neubausiedlung.
Hier wohne ich.
Meine Frau und meine erwachsenen Kinder sind da und begrüßen uns.
Ich wäre jetzt zu Hause angekommen.
Doch wir müssen weiter zu unserer Abschlusslesung in die Stadtbibliothek.

Sind es die Erinnerungen, die Kindheitserlebnisse,
die kleinen Begebenheiten, die Treffen mit Freunden, das Haus?
Ist es das, was mich mit Amberg verbindet,
oder ist es mehr?

Die Feste, die Idyllen, die Sehenswürdigkeiten, Türme, Kirchen,
die Cafés, die Biergärten,
das alles gibt es auch in Pilsen, in Weiden oder anderswo.

Wenn man sechzig Jahre in einer Stadt gelebt hat
– und ich habe mit einigen Unterbrechungen
jetzt schon mehr als sechzig Jahre hier gelebt –,
dann kennt man alles:
die Schönheiten und die hässlichen Ecken,
die Engstirnigkeit von Verantwortlichen
und den freien Geist,
der ab und zu doch hier weht,
die starken Seiten dieser Stadt
und ihre Schwächen.

Man kann sich über Vieles aufregen in Amberg.
Über die Kulturpolitik,
über viele politische Entscheidungen,
über Freunderlswirtschaft hint und vorn.
Doch in welcher Stadt,
in welchem Dorf kann man das nicht?

Schritt für Schitt gehe ich auf Amberg zu.
Ja, es ist ein Zugehen, nicht ein Sich-Abwenden.
Viele Gedanken drängen sich auf.
Beim Gehen habe ich Zeit, sie zuzulassen.
Nachdenken über diese zwei Wochen
mit Harald und Bernhard.

Am liebsten würde ich mit denen jetzt weiter gehen.
Ich hab noch nicht genug.
Auch nicht vom Rucksack.
Viel zu schnell sind diese Tage vergangen.
Vieles würde ich gerne nochmals sehen,
nochmals erleben.
Beim ersten Mal ist man zu sehr mit sich selbst beschäftigt.

Das Gehen hat uns die Langsamkeit gelehrt.
Die Langsamkeit tut gut.
Auch dem Denken.

Nachwort

Peter Geiger

Lesen heißt, Distanzen überwinden. Wenn eine Buchzeile elf Zentimeter lang ist (messen Sie nach!), dann macht das pro Seite (zählen Sie nach!) schon mal dreieinhalb Meter. Im vorliegenden Fall bedeutet das: Sie legen, wenn Sie dieses Buch, das Sie gerade in Händen halten, lesen, gleich mal circa 600 Meter Wegstrecke zurück (rechnen Sie nach!). Und das im heimischen Sessel oder im Zugabteil oder auf dem Sofa im Hotelzimmer. Oder wo auch immer Sie gerade sind. Wer die Bibel liest, benötigt dagegen zumindest Marathonläuferqualitäten: Denn von der Genesis bis zur Apokalypse sind es, nimmt man die Einheitsübersetzung zur Hand, mehr als 70 Kilometer. Und wer sich gar den ganzen Goethe vornimmt – ach, überhaupt nicht auszudenken, wie weit das trägt. Und Bibliotheksmagazine, Archive, die zählen ihre Bestände ja sogar nach laufenden Metern.

*

Die drei Autoren, die da im märchenhaften Sommer 2006 unterwegs waren, gingen freilich noch viel weiter. Gut 200 Kilometer werden's wohl gewesen sein, was sie da an Wegstrecke zurückgelegt haben, weitab von der Luftlinie, abseits der großen Autoverbindungen, entlang der alten Wege der Goldenen Straße, jeder einzelne für sich, in diesen zehn Tagen. Dieses Unterwegs-Sein, dieses Gehen von einem Punkt A nach einem Punkt B – konkret: von Böhmen nach Bayern, noch konkreter: von Pilsen nach Amberg – dient ihnen als Erzählanlass. Ich gehe, also schreibe ich. Das ist nicht von Descartes, könnte aber von Thomas Bernhard sein.

*

„Wenn man mich fragt, womit ich die meiste Zeit meines bisherigen Lebens verbracht habe, so kann ich ohne Zögern sagen: mit Gehen. Mit Gehen, – vielleicht auch mit Denken. Denn das kommt mir fast gleichbedeutend vor." (Thomas Bernhard: Gehen)

175

*

Das Distanzen überwinden, das Unterwegs-Sein in der wirklichen Welt, stellt wahrscheinlich *den* Urgrund allen Erzählens dar: Wenn Homer seinen Odysseus auf Irrfahrten schickt und ihn aus dem Trojanischen Krieg nach Hause zurückkehren lässt, ist der Anfangsstein dessen gesetzt, was wir abendländische Literatur nennen. Und die findet ihre wahrhafteste Fortschreibung bei all den Spaziergängern und Taugenichtsen, die sich per pedes oder vogelgleich über die Alpen bewegen, wie eine Rose den Hudson River hinabtreiben oder der Spur der mystischen australischen Traumpfade folgen.

*

Schreiben ist freilich auch mehr als nur ein geistiger Akt, mehr als ein spiritueller Prozess. Schreiben hat stets auch eine körperliche Dimension. Welche Sitzposition ist die bequemste? Was für ein Schreibgerät das geeignetste? Bleistift? Füller? Computer? Jack Kerouac hämmerte „On the Road" in schlaflosen drei Wochen, angefeuert durch bewusstseinsbeschleunigendes Benzedrin, mittels seiner Schreibmaschine auf eine zusammengekleisterte Papierrolle. Franz Kafka wünschte sich das Schreiben als ununterbrochenen Strom. In seinem Tagebuch tagträumte er von einer Nacht ohne Morgen, einem nicht enden wollenden Prozess des Schreibens, der sich jenseits der Rhythmen des Lebens entwickelte. „Ergießen" wollte er sich in seine Texte.

*

Überhaupt ist Kafka das Paradebeispiel jener Spezies von Autoren, für die das Leben und die Kunst in eins gehen. Sein Tagebuch markiert jene Übergangszone, in der er die Erfahrungen des Alltäglichen einfängt, aufbewahrt und vorsortiert, um sie schließlich als Materialbasis für seine Fiktionen, für seine Erzählungen und Romane also, nutzen zu können. Auch Kafkas Böhmen markiert eine solche Übergangszone: Als er 1884 geboren wird, ist das Königreich Teil der österreichisch-ungarischen Doppelmonarchie. Erbittert wird um die Zweisprachigkeit gestritten – um die Anerkennung des Tschechischen neben dem Deutschen auf Straßenschildern und als Amtssprache. Die böhmischen

Juden, die sich vor allem an der deutschsprachigen Kultur orientieren, geraten zwischen die Mühlsteine dieses Nationalitätenkonflikts. Zur gleichen Zeit entwickelt Theodor Herzl seine Idee des Judenstaats: Weil sich die Zeichen des Antisemitismus nicht nur in Böhmen mehren.

*

Gemeinsam mit seinem Freund Max Brod bereist Kafka den Kontinent. Im September 1909 verbringen sie im Südwestzipfel des Habsburgerreiches, in Riva am Gardasee, ihre Ferien. Hier besuchen sie eine Woche lang die Flugschau, jenseits der Grenze, im norditalienischen Brescia: Erst fünf Jahre liegt der erste Motorflug der Gebrüder Wright zurück. Kafka und Brod berichten aus wechselnder Perspektive: Über die Menschenmassen, die Piloten und über jene eigentümlichen Flugapparate. Lässt man diese Aufzeichnungen wie die Bilder von zwei Kameras auf sich wirken, so entsteht ein räumliches Bild der Zeit: Der Rennplatz von Brescia wird tiefenscharf ausgeleuchtet und erscheint als Geburtsstätte des kurzen, schrecklichen 20. Jahrhunderts. „Und in dieses Feld, (…) in jenen fernen Wald (…), in diesen Tumult einer fremden Menschheit haben wir so tief in uns hineingesehen, dass wir glauben: alles andre, was wir nachher etwa noch sehn werden, wird uns nach dieser erlebten Wirklichkeit wie ein Traum sein." Soweit Brod. Und Kafka: „Wir schauen in die Luft, um die es sich hier ja handelt." Die gegensätzlichen Blickrichtungen, tief hinein in die menschliche Seele und hinauf zum Himmel, eröffnen neue, flirrende, sich überlagernde Perspektiven.

*

Brandl, Grill und Setzwein belichten in „Zu Fuß auf der Goldenen Straße – Eine literarische Wanderung von Pilsen nach Amberg" nicht nur doppelt, sie belichten gleich dreifach. Natürlich erleben sie so ziemlich das gleiche – auch wenn wir von unterschiedlichen Tempi bei der Fortbewegung erfahren, von jeweiligen Vorlieben der Verpflegung, keineswegs einheitlichem Talent beim Kartenlesen etc. Aber darauf kommt es uns, der Leserin und dem Leser, ja kaum an. Viel wichtiger ist doch das, was durch das äußere Geschehen bei jedem einzelnen der Drei ausgelöst wird. Uns, die Leser, interessieren doch vor allem die verschiedenen Assoziationsketten, die in den Künstlerköpfen in Gang gesetzt werden. Das einfache Schwer-zu-Machende bei Brandl. Das philosophisch Hintertreppenhafte bei Grill. Und das hellsichtig Pointierende bei Setzwein. So dass wir mitgehen auf diese Reise, diese unterschiedlichen Routen, uns einklinken können, unterhaken und mitnehmen lassen. 600 Meter lang oder sechshundert Kilometer. Quer durch Europa. Entlang der Zeitachsen. Unterwegs mit drei Autoren.

Die Autoren

Friedrich Brandl

1946 in Amberg geboren und dort wohnhaft, Industriekaufmann, Abitur, Studium der Erziehungswissenschaften, Volksschullehrer von 1973 bis 2008.
Schreibt Lyrik in Mundart und Schriftsprache, Erzählungen und Theaterstücke.
Zahlreiche Veröffentlichungen in Gedichtbänden und Anthologien, Zeitungen und Zeitschriften, Mitglied im Verband deutscher Schriftsteller. Zuletzt erschienen „Meine Finga in deina Rindn" und „Flussabwärts bei den Steinen", Gedichte (lichtung verlag, Viechtach 2002), „schiefer", Gedichte deutsch-französisch, und „granit", Gedichte deutsch-tschechisch (edition mola-mola, Amberg 2005 / 2007).
www.brandl-amberg.de

Harald Grill

1951 in Hengersberg geboren, Pädagogischer Assistent, seit 1988 freier Schriftsteller, lebt in Wald im Landkreis Cham.
2000/2001 Projekt „Zweimal heimgehen" – zwei Spaziergänge, einmal vom Nordkap und danach von Syrakus zu Fuß nach Regensburg. Schreibt Lyrik und Prosa, Radio-Features und Theaterstücke. Zuletzt erschienen „bairische gedichte" (lichtung verlag, Viechtach 2003), „Warum die Engel in der Antoniuskirche sogar im Winter barfuß laufen", Erzählung (edition pongratz, Hauzenberg 2005), „Hochzeit im Dunkeln", Roman, und „auf freier strecke", gedichte (Verlag Sankt Michaelsbund, München 2008).
www.haraldgrill.de

Bernhard Setzwein

1960 in München geboren, lebt in Waldmünchen an der bayerisch-böhmischen Grenze.

Autor von Gedichtbänden, Romanen, Reiseliteratur, Rundfunk-Features und Theaterstücken.

Zuletzt erschienen die Romane „Die grüne Jungfer" (Haymon Verlag, Innsbruck 2003), „Ein seltsames Land" (lichtung verlag, Viechtach 2007). Das Theaterstück „3165 – Monolog eines Henkers" erschien als Hör-CD (LOhrBär-Verlag, Regensburg 2008).

www.bernhardsetzwein.de

Text- und Bildnachweis

S. 14: Harald Grill, über unseren köpfen, aus: *auf freier strecke*, Verlag Sankt Michaelsbund, München 2008

S. 26: Josef Hrubý, Farben, aus: *Den Kopf voll Safran*, lichtung verlag, Viechtach 2006 (Aus dem Tschechischen übersetzt von Waltraud Seidlhofer)

S. 62 f: Miroslav Holub, Stručná úvaha o mapách, aus der Gedichtsammlung *Naopak* [Umgekehrt], Praha 1982 (Aus dem Tschechischen übersetzt von Václav Maidl)

S. 108 f: Eugen D. Popin, Der erschöpfte Wanderer, aus: *Deine Hälfte des Wortes*, Herbert Utz Verlag (Reihe Literareon), München 2008

S. 125: Franz Joachim Behnisch, Naabtal, windiger Tag. Erstveröffentlichung aus dem Nachlass Franz Joachim Behnisch (Copyright: Ehrentraud Dimpfl).

S. 149: Walter Höllerer, Subjektives Gedicht, aus: *Provinz ist eine Möglichkeit.* 10 Jahre Literaturarchiv 1977 - 87, hrsg. vom Literaturarchiv Sulzbach-Rosenberg, 1987

Copyright der Fotos bei den drei Autoren
S. 5: Karte von Ina Meillan

Zu Fuß auf der Goldenen Straße

Drei Autoren unterwegs
begleitet vom Duo De Clarinettes-Basses

Friedrich Brandl · Bernhard Setzwein · Harald Grill

Zum Buch ist im Verlag Sankt Michaelsbund auch eine CD erschienen. Auf ihr lesen die drei Autoren ausgewählte Texte aus dem Buch.

Musikalisch umrahmt wird die Lesung durch das „Duo De Clarinettes-Basses" (Michael Reisinger und Norbert Vollath).

Gesamtspieldauer: 69:41 min
ISBN 978-3-939905-29-5